Dampfgaren

Von der Babykost bis zur Lieblingsspeise

Susanne Kuttnig-Urbanz | Friedrich Pinteritsch

Dampfgaren
Von der Babykost bis zur Lieblingsspeise

Fotografiert von Günter Jost

pichler verlag

IMPRESSUM

ISBN 978-3-85431-570-4

styria BOOKS

© 2011 by *Pichler Verlag* in der
Verlagsgruppe Styria GmbH & Co KG
Wien - Graz - Klagenfurt
Alle Rechte vorbehalten

Bücher aus der Verlagsgruppe Styria gibt es
in jeder Buchhandlung und im Online-Shop
styriabooks.at

Lektorat: Nicole Richter
Cover- und Buchgestaltung: 2 LIONS DESIGN [Carolina Santana]

Druck und Bindung: Druckerei Theiss GmbH, St. Stefan im Lavanttal
7 6 5 4 3 2

Der Weg durchs Buch im Überblick

Vorwort	6
Kunterbunte Familienküche	8
Zeit für Sonntagsfrühstück	68
Neue Lieblingsspeisen	70
Kinderleichtes Dampfgaren	122
Babykost selbstgemacht	140
Rezeptverzeichnis	148

Vorwort der Autoren

Moderne Ernährung (und Haushaltsführung) hat durchaus mit **Verantwortung** zu tun. Einerseits sich selbst, dem eigenen Körper gegenüber, andererseits „die Umwelt" betreffend. Die heutige Lebensweise bringt es mit sich, dass oft gedankenlos mit Lebensmitteln umgegangen wird. So genannte Lebensmittelskandale, aber auch die Beeinträchtigung der eigenen Gesundheit sind die Folgen.

Wer in der Familie kocht, steht vor der Herausforderung, Zutaten und Speisenzusammenstellungen für sich und andere nach bestem Wissen und Gewissen auszuwählen, auch um den ernährungsphysiologischen Ansprüchen zu genügen. Die **richtige Ernährung** spiegelt sich nicht zuletzt in einem gesunden und vitalen Körper wider.

Deftige Sattmacher sind „out", weil zumeist nicht mehr benötigt, und leichte, bekömmliche Speisen sind „in". Hochwertige und **aus biologischem Anbau** stammende Produkte werden in der Familienküche immer wichtiger.

Vergessen wird manchmal auf die Qualität der Würzmittel. Man sagt etwa nicht umsonst, dass Salz „die Seele des Lebens" ist. Wir empfehlen daher bei unseren Rezepten die Verwendung von Meersalz, weil es sorgsam (von Hand) geerntet wird. Es enthält viele Mineralstoffe und natürliches Jod. Salz ist **Lebenselixier** – auch menschliche Körperflüssigkeiten wie Blut, Schweiß und Tränen sind Salzlösungen. Die Krönung aller Meersalze ist jedenfalls „Fleur de Sel". Dieses wertvolle Salz entsteht nur bei einer besonderen Konstellation von Sonne und Wind und liefert dem menschlichen Körper bei regelmäßigem Genuss Kraft und „gute Energie".

Was die Art der Zubereitung betrifft, geht es darum, **schonend** zu **kochen**. Dafür ist eben das Dampfgargerät im Haushaltsbereich bestens geeignet. Garen im Dampf ist seit circa 2 000 Jahren die gesündeste Methode, um Speisen essfertig zu machen. Das Prinzip ist so einfach wie einzigartig – der große Vorteil ist, dass dabei das Gargut nicht im Wasser liegt und dadurch ausgelaugt werden kann. Das heißt, die wertvollen **Vitamine und Mineralstoffe** bleiben durch das Garen mit Dampf erhalten. Die Dampfentwicklung sorgt außerdem dafür, dass die Poren des Gargutes sofort geschlossen werden. Dämpfen eignet sich für jede Art von Speisen. Egal, ob farbenfrohes Gemüse, richtig saftige Fleischgerichte oder auf den Punkt gedämpfter Fisch. Die Speisen behalten ihren intensiven Eigengeschmack, vor allem auch deshalb, weil man beim Dämpfen viel weniger Würze benötigt. Das heißt, der Genuss kommt damit ebensowenig zu kurz!

In der alltäglichen Kochpraxis hat der Dampfgarer einen weiteren Pluspunkt: mit ihm können Speisen ganz einfach regeneriert werden. Früher war „aufwärmen", später kam die Mikrowelle. In diesen Geräten wird mittels eines Magnetrons elektrischer Strom in elektromagnetische Wellen umgewandelt. Diese versetzen die Wassermoleküle der Speisen in schnelle Bewegung, weshalb die Speisen in der Mikrowelle zugedeckt werden müssen, damit sie nicht austrocknen. Die Hitze entsteht durch Reibung der Moleküle, und ein Drehteller ist vonnöten, weil durch die Entstehung von so genannten Hot Spots Speisen verkohlen bzw. vertrocknen können. Was Erhalt bzw. Verlust von Vitaminen, Nähr- und Mineralstoffen bei mikrowellengegarten Speisen betrifft, ist sich selbst die Fachwelt mehr als uneinig.

In den modernen Dampfgargeräten, wie bei dem von uns verwendeten Arbeitsgerät von Miele, werden vorbereitete Speisen beim **Regenerieren** auf zuträgliche Weise verfügbar gemacht. Sie schmecken wie frisch gekocht, ohne dass dabei wichtige Inhaltsstoffe zerstört werden.

Praktisch ist, dass der Weg von der Mikrowelle zum Dampfgarer ein leichter ist – aufgrund der Bauweise reicht meist ein Geräteaustausch, kein zusätzlicher Platz wird benötigt.

Verwenden Sie den Dampfgarer so oft wie möglich, aber werden Sie gleichzeitig kreativ in der Handhabung und Kombination der anderen zur Verfügung stehenden Küchengeräte. Verbinden und vereinen Sie Kochvorgänge und setzen Sie **Herd, Backrohr und Dampfgarer** je nach Erfordernis ein. Nicht immer muss bei einem Gericht alles im Dampfgarer gegart werden – so ist es beispielsweise bei mehreren Portionen Nudeln besser, diese klassisch in reichlich Salzwasser auf dem Herd zu kochen. Das knackige Gemüse dazu zaubern Sie hingegen aus dem Dampfgarer, und mit Käse überbacken wird alles gemeinsam im Backrohr. Erfreuen Sie sich am Experimentieren und finden Sie die für Sie persönlich beste Lösung. Auch wenn einmal etwas nicht auf Anhieb gelingt, zahlt es sich aus, nicht den Mut zu verlieren und einen neuen Versuch zu wagen. Auch Meister-Köche sind nicht vom Himmel gefallen.

Die jüngsten Familienmitglieder für Gesundes zu begeistern scheint mitunter schwierig, zu groß sind die allzu bunten Verlockungen aus der Werbung. Aber als Erwachsene haben wir es in der Hand, den Kindern durch **Vorbildfunktion** voranzugehen. Wie man sie zusätzlich motivieren kann, weiß Elternberaterin Doris Schober: „Kinder wollen ihre Welt in vielfältiger Art und Weise entdecken und dabei Erfahrungen sammeln. Das tägliche Leben dient als Quelle ihrer Bestrebungen Neues zu erforschen. Beim Kochen werden für Kinder wunderbare Möglichkeiten geschaffen, sinnvoll die Welt der Lebensmittel zu entdecken, Fähigkeiten zu erproben und soziale Kompetenz zu entwickeln. Dies geschieht, indem Eltern mit ihren Kindern gemeinsam etwas tun und sich daran erfreuen. Das Sehen, Riechen, Schmecken und Fühlen wird beim Kochen mit Kindern zu einem wahren **Fest der Sinne** und lässt sie sensibel werden für die Vielfalt der Lebensmittel. Neben pädagogischen Zielen soll dieses Fest aber vor allem eines mit sich bringen: viel Freude!"

Und diese wünschen wir auch Ihnen mit diesem Buch, beim Lesen und Schauen, beim Kochen und Genießen!

Susanne Kuttnig-Urbanz
und
Friedrich Pinteritsch

P.S. Die Rezepte beziehen sich auf die Menge für 4 Personen, sofern nicht anders angeführt! Und das **Dampfgargerät** haben wir in den griffig gestalteten Rezepten als „DG" bezeichnet, „R" steht für **Regenerieren**.

Unser Arbeitsgerät von Miele

Kunterbunte Familienküche

Eine der größten Herausforderungen bei Neuanschaffungen im Haushalt ist es, diese Geräte in den alltäglichen Gebrauch zu integrieren. Seltsamerweise funktioniert dies bei Auto oder Fernseher manchmal „besser" und schneller, obwohl doch die Nahrungsaufnahme und damit das eigene **körperliche Wohlbefinden** an erster Stelle stehen sollten. Auch moderne Küchengeräte haben ihre Technik, mit der man sich eben erst einmal auseinandersetzen muss, damit sie Teil des automatischen Ablaufs wird. Nicht außer Acht zu lassen ist die Wahl des idealen, weil praktischsten Standplatzes.

Das heißt: Nehmen Sie sich ein Wochenende Zeit für ein Date mit dem Neuen. Sie werden feststellen, die Handhabung des Dampfgarers ist einfacher als Sie dachten!

Besonders in einer Familie mit Kindern ist ein Dampfgargerät schon die halbe Miete bei der **Erstellung eines Speiseplans**, speziell dann, wenn Familienmitglieder zu unterschiedlichen Zeiten nach Hause kommen. (Nichts geht jedoch über ein gemeinsames Mahl!) Mit den Tipps und Tricks in diesem Buch ist es sogar möglich, die kulinarischen Wünsche einzelner Familienmitglieder zu erfüllen. Der nachfolgende Monatsplan dient als Anregung, wie Sie mit Ihrer Familie einen Speiseplan mit lauter „Lieblingsspeisen" erstellen können. Dabei wird es nahezu ein Kinderspiel, etwa bei einem Gericht mit Gemüse, die jeweiligen persönlichen Vorlieben zu berücksichtigen. Mag der eine lieber Karotten, der andere lieber Brokkoli, ist das mithilfe des Dampfgarers kein Problem.

Lassen Sie die Kinder beginnen und erstellen Sie mit ihnen eine „Hitliste". Die Kinder dürfen angeben, welche ihre **Lieblingsspeisen** sind. Anschließend sind die Eltern an der Reihe. Diese beiden Hitlisten werden verbunden und daraus entsteht – ein ernährungsphysiologisch gesunder Monatsplan.

Es ist kein Geheimnis, was außerdem passiert: Dürfen sich Kinder ihre Speisen aussuchen und idealerweise bei der Zubereitung Hand anlegen, führt die Freude am aktiven Teilhaben erwiesenermaßen zu weit bewussteren **Geschmackserlebnissen**. Ein Beispiel: Sie, als Erwachsene, haben die Wahl zwischen Vollkornprodukten und Weißmehlprodukten. Aus dem Monatsplan ergeben sich als Beilage Nudeln. Im Sinne der **gesunden Ernährung** wollen Sie biologische Vollkornprodukte kaufen, allerdings dürfen die Kinder beispielsweise die Form der Nudeln wählen. Dieser kleine Trick hat sich oft bewährt, wenn es darum ging, etwas Neues und damit Ungewohntes einzuführen.

Die Erstellung eines Monatsplans ist außerdem ein eindeutiger Pluspunkt **für die Brieftasche**, weil Sie unter Berücksichtigung von Saisonalität und Regionalität auf Sicht einkaufen.

Ein besonders großer Vorteil aber ist das **Regenerieren**, das Wiedererhitzen von fertigen Speisen im Dampfgarer. Denn Sie beginnen mit dem Kochen (laut Monatsplan) genau dann, wenn Sie Zeit dafür haben: morgens, mittags, abends oder am Vortag. Speisen werden vorgegart und nach Abkühlung zugedeckt im Kühlschrank aufbewahrt und sind damit vorbereitet zum Regenerieren – also perfektes „Mise en place-Arbeiten" leicht gemacht!
Beim Regenerieren lässt der heiße Dampf die Speisen wie frisch zubereitet aussehen und die Nährstoffe bleiben erhalten. Zum Finishing werden je nach Bedarf und Eintreffen der Familienmitglieder die Speisen portioniert und laut den Angaben in den nachfolgenden Rezepten im Dampfgarer schonend regeneriert.

Zu allen im Buch vorkommenden Gerichten liefern wir Hinweise zum richtigen Regenerieren.

Beispiel für einen Monatsplan der kunterbunten Familienküche

	Montag	Dienstag	Mittwoch
	KIND-1-TAG	VATER-TAG	KIND-2-TAG
Woche 1	Gemüsemedaillons auf Melanzani, dazu Kräuterdip	Rindsragout mit Gemüse und Nudeln	Milchrahmauflauf mit Vanillesauce
Woche 2	Buntes Gemüse-Einkornschnitzel mit Bergkäse und Spinat	Gefüllte Putenroulade mit Bärlauchsauce und Hanfpolenta	Würstel-Gemüsespieß mit Rosmarinkartoffeln
Woche 3	Brokkoli-Käseecken mit Sahnesauce und Kartoffeln	Reisfleisch von der Pute	Hirse-Apfelauflauf mit Beerensauce
Woche 4	Gemüserisotto	Hühnerfilet auf buntem Gemüse und Basilikum-Wildreis	Topfenknödel mit Erdbeersauce

Donnerstag	Freitag	Samstag	Sonntag
MUTTER-TAG	FISCHTAG	KUNTERBUNTTAG	LIEBLINGSSPEISENTAG
Dinkel-Maistortilla gefüllt mit Chili con Carne	Gefülltes Schollenröllchen mit Garnelencreme auf Gemüsecouscous	„Wok" mit Putenstreifen und Vollkornpasta	Schweinsfilet mit Tsatsiki und Kartoffeln
Vollkornfusilli mit Gemüsesugo	Zanderfilet mit Gemüse-Kartoffeln und Schnittlauchdip	Italienische Pastaquiche	Putenschnitzel gefüllt mit Tomaten-Schafskäsetatar, dazu Gemüse und Quinoa
Linseneintopf mit Spinatknödel	Mediterrane Fischpfanne mit Kräuterreis	Kartoffel-Gemüsestrudel mit Kräutersauce	Rindfleischburger, dazu Erbsengemüse und Petersilienkartoffeln
Ofenkartoffel mit mexikanischem Gemüse	Gedämpftes Wildlachsfilet mit Sahnesauce und Nudeln	Kartoffel-Gemüsegröstl	Gefüllte Rindsroulade mit Gemüse

Woche 1

Montag Kind-1-Tag	Gemüsemedaillons auf Melanzani, dazu Kräuterdip
Dienstag Vater-Tag	Rindsragout mit Gemüse und Nudeln
Mittwoch Kind-2-Tag	Milchrahmauflauf mit Vanillesauce
Donnerstag Mutter-Tag	Dinkel-Maistortilla gefüllt mit Chili con Carne
Freitag Fischtag	Gefülltes Schollenröllchen mit Garnelencreme auf Gemüsecouscous
Samstag Kunterbunttag	Wok mit Putenstreifen und Vollkornpasta
Sonntag Lieblingsspeisentag	Schweinsfilet mit Tsatsiki und Kartoffeln

Gemüsemedaillons auf Melanzani, dazu Kräuterdip

200 g Zucchini
200 g Karotten
100 g Paprika rot
100 g Paprika grün
50 g Erbsen (TK)
2 Eier
2 EL Reismehl
Schabzigerklee
Rapsöl zum Ausstreichen
Meersalz, Pfeffer

600 g Kartoffeln
200 g Sauerrahm
frische Kräuter, gehackt,
　z. B. Schnittlauch,
　　Petersilie, Kerbel, Kresse
8 Stk. dünne Melanzanischeiben

Den DG auf 100° C vorheizen.

Zucchini und Karotten fein raspeln, Paprika in feine Streifen schneiden. Die Erbsen dazugeben. Das Gemüse mit Salz, Pfeffer und Schabzigerklee würzen, mit den Eiern und dem Reismehl gut vermengen.

Ein ungelochtes Blech mit dem Rapsöl auspinseln, aus der Gemüsemasse mithilfe einer runden Ausstechform Medaillons formen und auf das Blech setzen.

Die Kartoffeln waschen und im DG bei 100° C 50 Minuten dämpfen.

Für den Dip Sauerrahm mit Kräutern vermengen, mit Salz abschmecken.

Die Gemüsemedaillons nach 35 Minuten zu den Kartoffeln geben und 15 Minuten dämpfen.
Die Melanzanischeiben auf einem gelochten Einsatz 5 Minuten bei 100° C dämpfen.

Je zwei Melanzanischeiben auf einen Teller geben und je ein Gemüsemedaillon daraufsetzen. Mit Sauerrahmdip anrichten.

**Die Gemüsemedaillons abkühlen lassen und zugedeckt in den Kühlschrank stellen.
Bei Bedarf die mit Frischhaltefolie zugedeckten Medaillons mit den rohen Melanzanischeiben wie oben angegeben im vorgewärmten DG bei 100° C 5 Minuten regenerieren.
Gemeinsam mit dem Kräuterdip servieren.**

Rindsragout mit Gemüse und Nudeln

800 g Rindfleisch aus der dicken Schulter
2 EL Rapsöl
1 Zwiebel
1 EL Tomatenmark
1 EL Senf
$^1/_{16}$ l Rotwein (Burgunder)
½ l Gemüsebrühe
1 Zweig Majoran
1 Zweig Thymian
$^1/_8$ l Schlagobers
2 EL Speisestärke
Meersalz, Pfeffer

100 g Karotten
100 g Gelbe Rüben
50 g Sellerie
100 g Kohlrabi
2 EL Olivenöl
1 EL Petersilie, fein gehackt

400 g Spiralennudeln
50 g Butter, zerlassen

Den DG auf 100° C vorheizen.

Das Fleisch in 3 x 3 cm kleine Würfel und die Zwiebel in feine Würfel schneiden.

Das Öl in einem großen Topf erhitzen und das Fleisch von allen Seiten rundum scharf anbraten. Nun die Zwiebel, das Tomatenmark und den Senf dazugeben und kurz weiterrösten. Mit dem Rotwein ablöschen, etwas reduzieren und mit der Gemüsebrühe auffüllen. Salz, Pfeffer und die Kräuter dazugeben. Nun das Ragout in einen ungelochten Behälter geben und im DG bei 100° C 40 Minuten dämpfen. Den Schlagobers mit der Speisestärke mischen und in das Ragout einrühren.

Das Gemüse waschen und schälen, (wie das Fleisch) in grobe Würfel schneiden und in einem gelochten Garbehälter 15 Minuten vor Garzeitende des Ragouts eine Etage darüber in den Dampfgarer geben. Gemeinsam mit dem Fleisch fertig dämpfen.

Währenddessen in reichlich Salzwasser die Nudeln al dente kochen, gut abtropfen lassen und mit zerlassener Butter und Salz mischen.

Das Ragout und das Gemüse aus dem DG nehmen, mit Olivenöl, Petersilie und Salz abschmecken. Gemeinsam mit den Nudeln sofort anrichten.

 Das Gemüse aus dem DG nehmen und für das Regenerieren sofort kalt abschrecken. Dann mit Olivenöl, Salz und Petersilie mischen.

Das Ragout aus dem DG nehmen, abkühlen lassen und zudecken.

Die Nudeln sehr bissfest kochen (damit sie nach dem Regenerieren al dente bleiben) und sofort in einem Sieb mit kaltem Wasser abspülen. Gut abtropfen lassen und mit zerlassener Butter und Salz mischen.

Alles in den Kühlschrank geben.

Bei Bedarf das erkaltete Ragout, das Gemüse und die Nudeln auf Tellern anrichten und mit Frischhaltefolie zudecken. Im Dampfgarer 12 Minuten bei 95° C regenerieren.

RINDSRAGOUT MIT GEMÜSE UND NUDELN

Milchrahmauflauf mit Vanillesauce

250 g Weißbrot oder Brioche
¼ l Milch
200 g Butter
160 g Staubzucker
1 Pkg. Vanillezucker
½ Zitrone, unbehandelt
500 g Topfen
80 g Rosinen
¼ l Sauerrahm
6 Eier
Meersalz
80 g Kristallzucker
1 EL Butter für die Förmchen

1 Pkg. Strudelteig

Vanillesauce:
100 g Zucker
2 Dotter
1 Ei
½ Pkg. Vanillezucker
½ l Milch
20 g Honig

Das Weißbrot entrinden, in Würfel schneiden und mit der Milch beträufeln. Die zimmerwarme Butter mit Staubzucker, Vanillezucker und etwas geriebener Zitronenschale schaumig rühren. Nun den Topfen, die Rosinen und den Sauerrahm unterheben, die Eier trennen und die Dotter nach und nach mit den Weißbrotwürfeln unterheben.

Das Eiklar mit einer Prise Meersalz aufschlagen und den Kristallzucker langsam einlaufen lassen. Den Schnee nicht zu steif, sondern eher schmierig schlagen. Jetzt Kaffeetassen oder Souffléförmchen mit der zerlassenen Butter ausstreichen. Den Strudelteig auseinanderfalten und in gleichmäßige Vierecke schneiden. Diese in die Tassen legen, und die Teigspitzen etwas nach außen biegen. Die Topfenmasse einfüllen und mit den überhängenden Strudelblätterspitzen bedecken. Die Förmchen im vorgewärmten DG bei 100° C 35 Minuten dämpfen.

Für die Vanillesauce die Dotter, das Ei, Vanillezucker und die halbe Menge vom Zucker mit ca. 1/8 l Milch verrühren. Die restliche Milch mit dem übrigen Zucker und dem Honig in einem Topf zum Kochen bringen. Nun die Eiermilch einrühren, die Hitze zurücknehmen und alles erhitzen, aber nicht mehr kochen. Von der Herdplatte nehmen und etwas nachziehen lassen.

Die Förmchen können sofort in den Kühlschrank gestellt werden, wo sie ohne Weiteres 3–4 Stunden bleiben können, um dann erst im DG verwendet zu werden.

Aber auch die fertigen Aufläufe kann man im vorgewärmten DG, zugedeckt mit Frischhaltefolie, bei 80° C in 5 Minuten gut erwärmen bzw. regenerieren.

MILCHRAHMAUFLAUF MIT VANILLESAUCE

Dinkel-Maistortilla gefüllt mit Chili con Carne

1. Dinkel-Maistortillas
100 g Dinkelvollkornmehl
50 g feiner Maisgrieß
¼ l Milch
3 Eier
Meersalz
Rapsöl

Aus dem Dinkelmehl, dem Maisgrieß, der Milch, etwas Salz und den Eiern einen homogenen Teig rühren und ca. 15 Minuten quellen lassen.

Danach in einer Pfanne das Öl erwärmen und etwas von der Tortillamasse eingießen. Wie Pfannkuchen ausbacken, die Masse sollte für mindestens 6 Stück Tortillas reichen.

Damit die Tortillas nicht austrocknen, diese mit Frischhaltefolie zudecken.

Je eine Tortilla auf einem Teller auslegen, mit dem erkalteten Chili con Carne (siehe Rezept) bestreichen und einrollen.

 Die gerollten Tortillas auf Tellern anrichten, mit Frischhaltefolie zudecken und bei 95° C im vorgewärmten DG 12 Minuten dämpfen.

TIPP: Für Naschkatzen empfiehlt es sich, vor dem Einrollen auf das Chili con Carne ein kleines Stück Schokolade zu legen. Wir nennen es Chili mit Kick.

Es gibt natürlich zahlreiche Möglichkeiten Tortillas zu füllen, diese ist nur eine davon.

2. Chili con Carne
1 kg Rindfleisch aus dem Hüferl (kein Faschiertes)
750 g geschälte Tomaten
750 g Kidney-Bohnen
200 g Zuckermais (Dose)
3 Paprika (rot, grün und gelb)
2 Zwiebeln
3 Knoblauchzehen
5 EL Olivenöl
1 Chilischote, frisch
Meersalz, Pfeffer
1 Prise Zucker
Thymian, Oregano

Den DG auf 100° C vorheizen.

Paprika waschen, längs durchschneiden, den Stiel wegschneiden, Kerne und Trennwände ausschneiden, dann kleinwürfelig schneiden. Die Zwiebeln schälen und in feine Würfel schneiden.

Das Rindfleisch in kleine Stücke schneiden (wie für Gulaschsuppe). Die Knoblauchzehen schälen und die Zehen fein hacken. In einem großen Topf Olivenöl erhitzen, das gewürfelte Rindfleisch in den Topf geben und von allen Seiten kräftig anbraten. Danach die Zwiebeln dazugeben und kurz weiterrösten. Jetzt die Paprikawürfel und die frische Chilischote beimengen. Mit den geschälten Tomaten auffüllen, mit Salz, Pfeffer, Zucker würzen und einmal kräftig aufkochen lassen.

Nun das Chili in einen Garbehälter mit Deckel umfüllen und im DG bei 100° C ca. 45 Minuten dämpfen. Danach die abgeseihten Bohnen und den Mais dazugeben, mit den restlichen Gewürzen abschmecken und in weiteren ca. 30 Minuten fertig dämpfen.

Natürlich ist es auch möglich, das Chili im Topf fertigzuschmoren. Dazu, so wie oben angegeben, die Bohnen und den Mais später beimengen. Anschließend servieren oder in die vorbereiteten Tortillas füllen.

Das Chili con Carne aus dem DG nehmen, abkühlen lassen und zugedeckt in den Kühlschrank stellen. Bei Bedarf das kalte Chili con Carne auf den Tellern anrichten, mit Frischhaltefolie zudecken und im vorgewärmten DG 12 Minuten bei 95° C regenerieren.

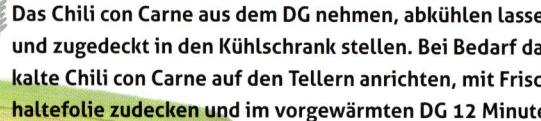

DINKEL-MAISTORTILLA GEFÜLLT MIT CHILI CON CARNE

Gefülltes Schollenröllchen mit Garnelencreme auf Gemüsecouscous

4 Schollenfilets
4 Riesengarnelen
1 Zitrone (Saft)
100 g Topfen, passiert
Meersalz, Pfeffer
1 Zweig Dill

2 Karotten
1 Paprika rot
1 Paprika gelb
1 großer Zucchini

250 g Couscous
500 ml Gemüsebrühe
je 1 Zweig Petersilie, Koriandergrün
2 EL kalte Butter

Das Gemüse putzen und in Würfel schneiden, danach im DG 5 Minuten bei 100° C dämpfen.

Die Riesengarnelen putzen und ebenfalls im DG 5 Minuten bei 95° C dämpfen. Die Schollenfilets mit der ursprünglichen Hautseite nach unten auflegen und mit dem Zitronensaft beträufeln.

Die Garnelen aus dem DG nehmen, klein schneiden, mit dem Topfen, etwas Meersalz, Pfeffer und Dill in einer Moulinette oder mit einem Pürierstab cremig mixen.

Die Schollenfilets mit der Garnelencreme bestreichen, Röllchen formen und im DG bei 95° C 5 Minuten dämpfen.

Währenddessen den Couscous in eine große Schüssel geben, die gut abgeschmeckte, heiße Gemüsebrühe unterrühren und zudecken. 10–15 Minuten quellen lassen. Das heiße, gedämpfte Gemüse dazugeben, Petersilie und Koriander grob hacken und darüberstreuen. Anschließend mit einer Gabel auflockern und dabei die kalte Butter zugeben.

Den Gemüsecouscous in der Tellermitte platzieren, je ein Schollenröllchen darauflegen.

 Die Schollenfilets aus dem DG nehmen, abkühlen lassen und zudecken. Ebenso den Couscous abkühlen lassen und zudecken. Alles in den Kühlschrank geben.

Bei Bedarf wie oben beschrieben anrichten und mit Frischhaltefolie zudecken. Im vorgewärmten DG 10 Minuten bei 95° C regenerieren.

GEFÜLLTES SCHOLLENRÖLLCHEN MIT GARNELENCREME AUF GEMÜSECOUSCOUS

„Wok" mit Putenstreifen und Vollkornpasta

600 g Putenbrust
400 g Vollkornpasta (z. B. Eliche)
100 g Karotten
100 g Gelbe Rüben
100 g Zucchini
100 g Paprika rot
100 g Paprika grün
100 g Paprika gelb
Meersalz, Pfeffer
1 Knoblauchzehe
Kreuzkümmel, rotes Curry

Den DG auf 100° C vorheizen.

Die Putenbrust in feine Streifen schneiden.

In einem Topf reichlich Salzwasser erhitzen und die Vollkornnudeln sehr al dente kochen und sofort kalt abspülen.

Das Gemüse waschen, die Karotten und Gelben Rüben schälen, mit dem Zucchini auf einem Juliennehobel in Streifen hobeln.

Von den Paprikaschoten den Deckel abschneiden, die Kerne mit den Trennwänden entfernen. Paprika in feine Streifen schneiden.

Die rohen Putenstreifen, das Gemüse und die Nudeln nebeneinander in einen ungelochten Garbehälter geben. Nun alles mit Salz, Pfeffer, gehacktem Knoblauch, etwas Kreuzkümmel und rotem Curry würzen und im DG bei 100° C 10 Minuten dämpfen.
Sofort anrichten – oder alles abkühlen lassen und die kalten Putenstreifen mit dem Gemüse und den Nudeln mischen. Nochmals abschmecken, gleichmäßig auf die Teller verteilen und zudecken.

 Bei Bedarf Teller mit den kalten Zutaten, mit Frischhaltefolie zugedeckt, in den vorgewärmten DG geben und alles bei 95° C 10 Minuten regenerieren.

Kunterbunte Familienküche

WOK MIT PUTENSTREIFEN UND VOLLKORNPASTA

23

Schweinsfilet mit Tsatsiki und Kartoffeln

600 g Schweinsfilet im Ganzen
Meersalz, Pfeffer

600 g Kartoffeln
2 EL Butter

1 Salatgurke
500 g Naturjoghurt
1 Knoblauchzehe, fein gehackt
1 TL Weißweinessig
1 EL Olivenöl
Meersalz

Die Kartoffeln waschen und auf einen gelochten Garbehälter geben. Im DG bei 100° C ca. 50 Minuten dämpfen.

Für das Tsatsiki die Gurke der Länge nach durchschneiden und entkernen, anschließend grob raspeln und in eine Schüssel geben. Mit 1 TL Salz mischen und ca. 10 Minuten Wasser ziehen lassen. Dann die Gurkenraspeln in ein sauberes Küchentuch geben und gut auswringen. Joghurt und Gurkenraspeln vermengen und mit Knoblauch, Meersalz, Essig und Öl verrühren.

Das Schweinsfilet säubern, mit Meersalz und Pfeffer würzen und auf eine ungelochte Garschale geben. Das Fleisch im DG die letzten 15 Minuten mit den Kartoffeln bei 100° C mitdämpfen.

Die Kartoffeln schälen und in der warmen Butter schwenken, salzen.

Das Schweinsfilet schräg schneiden und mit Tsatsiki und Kartoffeln auf Tellern anrichten.

Bei Bedarf das kalte Schweinsfilet mit den geviertelten Kartoffeln auf Tellern anrichten, mit flüssiger Butter und Salz verfeinern und mit Frischhaltefolie zugedeckt bei 90° C im vorgewärmten DG 8 Minuten regenerieren.

Das Tsatsiki beigeben und servieren.

SCHWEINSFILET MIT TSATSIKI UND KARTOFFELN

Woche 2

Montag Kind-1-Tag	Buntes Gemüse-Einkornschnitzel mit Bergkäse und Spinat
Dienstag Vater-Tag	Gefüllte Putenroulade mit Bärlauchsauce und Hanfpolenta
Mittwoch Kind-2-Tag	Würstel-Gemüsespieß mit Rosmarinkartoffeln
Donnerstag Mutter-Tag	Vollkornfusilli mit Gemüsesugo
Freitag Fischtag	Zanderfilet mit Gemüse-Kartoffeln und Schnittlauchdip
Samstag Kunterbunttag	Italienische Pastaquiche
Sonntag Lieblingsspeisentag	Putenschnitzel gefüllt mit Tomaten-Schafskäsetatar, dazu Gemüse und Quinoa

Buntes Gemüse-Einkornschnitzel mit Bergkäse und Spinat

500 g Einkorn
400 g Blattspinat (TK)
100 ml Schlagobers
300 g Zucchini
300 g Melanzani
100 g Karotten
150 g Paprika rot
150 g Paprika grün
150 g Paprika gelb
200 g Bergkäse
2 Knoblauchzehen, gehackt
2 Eier
2 TL Reismehl
Meersalz, Pfeffer
Majoran, Thymian
1 EL Olivenöl

Einkorn waschen und abtropfen lassen. In eine ungelochte Garschale geben und mit 1 Liter ungesalzenem Wasser aufgießen. In den DG geben und 15 Minuten dämpfen. Herausnehmen, mit Frischhaltefolie zudecken und 10 Minuten quellen lassen.

Den Blattspinat auf ein gelochtes Garsieb geben und im DG bei 100° C 10 Minuten (mit dem Einkorn zugleich) dämpfen. Bei frischem Spinat genügen 3 Minuten. Anschließend den Spinat herausnehmen und fest ausdrücken, in eine ungelochte Garschale geben, den Schlagobers dazugießen und mit Meersalz, Pfeffer und dem Knoblauch abschmecken.

Zucchini und Melanzani waschen, Karotten schälen. Alles in feine Streifen schneiden. (Zucchini und Karotten können auch mit dem feinen Einsatz des V-Hobels geraspelt werden.)

Von den Paprika den Deckel abnehmen und Kerne sowie Trennwände ausschneiden. Paprika in sehr feine Streifen schneiden.

Einkorn, das vorbereitete Gemüse, die Eier, den geriebenen Bergkäse und das Reismehl mit Meersalz, Pfeffer, Majoran, Thymian gut vermengen und daraus gleichmäßige Schnitzel formen.

Ein ungelochtes Garblech mit etwas Öl ausstreichen und die Laibchen daraufsetzen. Diese bei 100° C im DG 12 Minuten dämpfen.
Den Spinat die letzten 6 Minuten in den DG dazugeben.

 Bei Bedarf kaltes Gemüse-Einkornschnitzel mit dem kalten Spinat auf Tellern anrichten, mit der Frischhaltefolie zudecken und im vorgewärmten DG bei 90° C 6 Minuten regenerieren.

Gefüllte Putenroulade mit Bärlauchsauce und Hanfpolenta

4 Putenschnitzel
4 Scheiben à 50 g vom echten Beinschinken
1 große Karotte

300 g Maisgrieß fein
600 ml Gemüsebrühe oder Wasser
1 EL Sauerrahm
100 g Hanfkörner, geröstet und geschält (oder Sesam)

50 g Bärlauch (saisonbedingt) oder Basilikum
50 g Butter
2 EL Weißwein
200 ml Schlagobers
2 EL Speisestärke
Meersalz, Pfeffer

Den DG auf 100° C vorheizen.

Die Putenschnitzel zwischen Frischhaltefolie plattieren. Die Karotte schälen und mit dem Sparschäler in dünne Streifen schneiden.

Die Putenschnitzel salzen und pfeffern, je eine Scheibe vom Beinschinken darauflegen und die Karottenstreifen gleichmäßig auf alle Schnitzel verteilen. Die Putenschnitzel wie eine Roulade zusammenrollen und in Alufolie einwickeln, in eine ungelochte Garschale geben.

Den Maisgrieß in eine Garschale (kann ein Glasbehältnis oder eine Keramikform sein) geben, salzen und mit Gemüsebrühe oder Wasser aufgießen. Die Polentamasse in den DG schieben und für 20 Minuten bei 100° C dämpfen. Nach 10 Minuten die Putenroulade dazugeben und gemeinsam fertig dämpfen.

In der Zwischenzeit den Bärlauch waschen und klein schneiden. Die Butter in einem Topf erhitzen und den Bärlauch kurz darin anschwitzen. Nun mit dem Weißwein ablöschen, etwas reduzieren. Die Sauce salzen, 3 Minuten kochen lassen und mit dem Stabmixer pürieren. Den Schlagobers mit der Speisestärke verrühren und die Sauce damit binden.

Die Polenta mit dem Sauerrahm und den gerösteten Hanfkörnern vermengen, die Putenschnitzel zwei Mal schräg durchschneiden und die Polenta mithilfe eines Eisportionierers kugelförmig ausstechen. Alles gemeinsam mit der Sauce gefällig anrichten.

Die fertigen Putenschnitzel in der Alufolie in kaltem Wasser abschrecken und auskühlen lassen.

Die Hanfpolenta zudecken und auskühlen lassen.

Bei Bedarf die ausgekühlten Putenrouladen auswickeln und zwei Mal schräg durchschneiden.

Von der kalten Polenta mit einem Eisportionierer Kugeln auf einen Teller geben und die Rouladenscheiben dazulegen.

Den angerichteten kalten Speiseteller mit Frischhaltefolie zudecken und für 10 Minuten im vorgewärmten DG bei 95° C regenerieren.

Die Sauce auf dem Herd im Topf erwärmen.

GEFÜLLTE PUTENROULADE MIT BÄRLAUCHSAUCE UND HANFPOLENTA

Würstel-Gemüsespieß mit Rosmarinkartoffeln

600 g heurige Kartoffeln
2 frische Rosmarinzweige
2 Paar Frankfurter (Wiener Würstchen)
200 g Paprika rot
400 g Zucchini
100 g frische Champignons
200 g Cocktailtomaten
2 EL Olivenöl

Gewürzöl:
100 ml Olivenöl
Meersalz, Pfeffer, Chilipulver
1 Knoblauchzehe, klein gehackt

8 Holzspieße

Den DG auf 100° C vorheizen.

Die Kartoffeln gut waschen und längs durchschneiden. Das Olivenöl mit einem Pinsel auf eine ungelochte Garschale auftragen, vom Rosmarinzweig die Nadeln abzupfen und gleichmäßig am Blech verteilen, das Blech mit Salz bestreuen. Die Kartoffeln mit der Schnittfläche nach unten auf das Blech legen und im DG bei 100° C ca. 40 Minuten dämpfen.

Die Würstel vierteln und an den Schnittflächen der beiden Enden je ein Mal kreuzweise einschneiden.

Vom Paprika den Deckel abschneiden, die Schoten der Länge nach durchschneiden. Die Samen und die Trennwände entfernen. Nun nochmals der Länge nach und zwei Mal in der Breite durchschneiden, damit schöne, fast quadratische Stücke entstehen. Die Zucchini in grobe Stücke schneiden. Von den Champignons nur die sehr großen halbieren, die kleineren sowie die Cocktailtomaten im Ganzen lassen. Alles Gemüse gleichmäßig und abwechselnd auf die Spieße stecken und jeweils mit Würstel abschließen.

Für das Gewürzöl alle Zutaten gut verrühren und die Spieße damit einstreichen.

Die Würstel-Gemüsespieße bei 100° C die letzten 8 Minuten mit den Kartoffeln mitdämpfen.

Alles auf Tellern anrichten und je nach Geschmack mit Ketchup vollenden.

Bei Bedarf Teller mit den kalten Zutaten anrichten, mit der Frischhaltefolie zudecken und im DG bei 95° C ca. 6 Minuten regenerieren.

WÜRSTEL-GEMÜSESPIESS MIT ROSMARINKARTOFFELN

Vollkornfusilli mit Gemüsesugo

∎

600 g Vollkornfusilli
600 g Tomaten (Dose), geschält und gewürfelt
200 g Zucchini
200 g Karotten
100 g rote Zwiebel
100 g Lauch
100 ml Olivenöl
Meersalz, Pfeffer
1 Knoblauchzehe, gehackt
1 TL frischer Oregano, gehackt
1 EL frischer Basilikum, gehackt
100 g frischer Parmesan

Den DG auf 100° C vorheizen.

Das Gemüse waschen, die Karotten schälen. Zucchini, Karotten und Zwiebel kleinwürfelig, den Lauch in Ringe schneiden. 2 EL Olivenöl in einem Topf erhitzen, Gemüse darin kurz anschwitzen, mit den Tomaten aufgießen. Mit Salz, Pfeffer und Knoblauch würzen, 10 Minuten köcheln lassen. Erst zum Schluss die frischen Kräuter hinzugeben.

Die Nudeln in einer Garschale mit reichlich Salzwasser bedecken und im DG bei 100° C nach Packungsanleitung bissfest kochen. Die Nudeln zwei Mal umrühren.
Anschließend abseihen, mit 2 EL Olivenöl und Salz vermengen und gleichmäßig auf 4 Tellern anrichten. Das Sugo darüber verteilen. Mit geriebenem Parmesan finalisieren.

Das Sugo auskühlen lassen.

Die Nudeln sehr al dente kochen (damit sie nach dem Regenerieren bissfest bleiben) und sofort in einem Sieb mit kaltem Wasser abspülen. Gut abtropfen lassen und mit Olivenöl und Salz mischen.

Bei Bedarf die kalten Nudeln mit dem Sugo auf Teller verteilen, mit Frischhaltefolie zudecken und im vorgewärmten DG bei 95° C ca. 5 Minuten regenerieren. Mit frisch geriebenem Parmesan bestreuen und genießen.

Kunterbunte Familienküche

VOLLKORNFUSILLI MIT GEMÜSESUGO

Zanderfilet mit Gemüse-Kartoffeln und Schnittlauchdip

4 Zanderfilets
600 g Kartoffeln
200 g Karotten
200 g Kohlrabi
200 g Brokkoli
2 EL Olivenöl
Schabzigerklee
1 Limette (Saft)
Meersalz, Pfeffer

400 g Sauerrahm
1 Bd. Schnittlauch

Den DG auf 100° C vorheizen.

Kartoffeln waschen und mit der Schale in einer gelochten Garschale im DG bei 100° C ca. 50 Minuten dämpfen.

Karotten und Kohlrabi schälen und in Würfel (ca. 2 x 2 cm) schneiden. Die Gemüsestücke nach ca. 35 Minuten zu den Kartoffeln auf die Garschale geben und 8 Minuten mitdämpfen. Den Brokkoli in kleine Röschen teilen, mit dem Gemüse im DG vermengen und alles mit Olivenöl, Meersalz und Schabzigerklee würzen. Die Gemüse-Kartoffeln in weiteren 6 Minuten fertig dämpfen.

Währenddessen für den Dip den Schnittlauch fein schneiden, mit dem Sauerrahm leicht vermengen und mit Meersalz würzen.

Die Limette auspressen und mit Meersalz und Pfeffer verrühren.

Die Zanderfilets kalt abspülen, mit dem gewürzten Limettensaft einpinseln und zusammen mit dem Gemüse-Kartoffelgemisch die letzten 4 Minuten im DG mitdämpfen.

Alles gemeinsam anrichten und mit dem Schnittlauchdip genießen.

Die erkalteten Kartoffeln schälen und vierteln, das gedämpfte Gemüse sofort kalt abspülen und abtropfen lassen. Den ungegarten Brokkoli in kleine Röschen teilen. Alles mit dem Olivenöl, Meersalz und Schabzigerklee würzen.

Bei Bedarf die gesäuberten Zanderfilets mit dem gewürzten Limettensaft einpinseln und zu dem Gemüse auf den Teller geben. Mit Frischhaltefolie zudecken und bei 90° C im vorgewärmten DG ca. 8 Minuten dämpfen. Mit dem kalten Schnittlauchdip servieren.

ZANDERFILET MIT GEMÜSE-KARTOFFELN UND SCHNITTLAUCHDIP

Italienische Pastaquiche

600 g Nudeln (Spiralen)
6 Eier
100 ml Milch
125 g Schinken, feinwürfelig
100 g Almkäse, gerieben
1 Zwiebel
2 EL frische Petersilie, gehackt
2 EL Olivenöl
Meersalz, Pfeffer
frisch geriebener Parmesan
3 EL Butter zum Ausstreichen

Den DG auf 100° C vorheizen.

Die Nudeln laut Packungsangabe in Salzwasser al dente kochen und sofort kalt abspülen.

Das Öl in einer Pfanne erhitzen. Zwiebel fein hacken und darin anschwitzen. Petersilie hinzugeben.

In eine große Schüssel die gut abgetropften Nudeln geben und mit den Eiern, der Milch, dem Schinken, der Zwiebel-Petersilien-Mischung und dem Käse gut verrühren, dann salzen und pfeffern.

Eine Auflaufform mit Butter ausstreichen, die Masse einfüllen und im DG bei 100° C 40 Minuten dämpfen.

Wer die Oberfläche knusprig haben will, kann die Quiche noch 4 Minuten unter dem Grill gratinieren.
Vor dem Servieren mit geriebenem Parmesan bestreuen.

Die Pastaquiche erkalten lassen und zugedeckt in den Kühlschrank stellen.

Bei Bedarf Portionen mit Frischhaltefolie zugedeckt im vorgewärmten DG bei 95° C 8 Minuten regenerieren.

Vor dem Servieren mit geriebenem Parmesan bestreuen.

ITALIENISCHE PASTAQUICHE

Putenschnitzel gefüllt mit Tomaten-Schafskäsetatar, dazu Gemüse und Quinoa

4 Putenschnitzel
4 getrocknete Tomaten
200 g Schafskäse
100 g Karotten
100 g Gelbe Rüben
100 g Zucchini
200 g Quinoa
500 ml Gemüsebrühe
1 TL gekörnte Gemüsebrühe
100 ml Schlagobers
2 EL Speisestärke
Schabzigerklee, Petersilie
Meersalz, Pfeffer

Den DG auf 100° C vorheizen.

Die Putenschnitzel zwischen Frischhaltefolie plattieren, salzen und pfeffern. Die Tomaten fein hacken und den Schafskäse mit der Gabel zerkleinern. Tomaten und Schafskäse mischen, Masse auf die Schnitzel verteilen und diese zusammenklappen. Die Schnitzel auf eine ungelochte Garschale geben.

Die Karotten und die Gelben Rüben schälen, der Länge nach durchschneiden und dann quer in Stifte schneiden.
Die Zucchini waschen und ebenfalls in Stifte schneiden.
Das Gemüse auf eine gelochte Garschale geben.

Quinoa mit heißem Wasser abspülen und mit 400 ml Gemüsebrühe (oder Wasser) in einen ungelochten Garbehälter geben. Im DG 20 Minuten dämpfen. Nach 10 Minuten das Gemüse und die Schnitzel dazugeben und gemeinsam fertig dämpfen. Alles aus dem DG nehmen.

Den aus den Schnitzeln ausgetretenen Saft in einen Topf geben und mit 100 ml Gemüsebrühe aufgießen. Dann mit der gekörnten Gemüsebrühe, Meersalz und Pfeffer würzen und um ein Drittel reduzieren. Das Schlagobers mit der Speisestärke verrühren und die Sauce damit binden.

Das Gemüse mit Meersalz und Schabzigerklee würzen. Quinoa mit Meersalz, Pfeffer und der Petersilie würzen.
Quinoa und das Gemüse auf die Teller aufteilen, die Schnitzel einmal schräg durchschneiden und auf die Quinoa legen, mit der Sauce umgießen.

Für den späteren Gebrauch alle Zutaten erkalten lassen und zugedeckt in den Kühlschrank geben.

Bei Bedarf die schräg durchgeschnittenen Schnitzel samt Gemüse und Quinoa auf Teller portionieren, mit Frischhaltefolie zudecken und im vorgewärmten DG bei 95° C ca. 10 Minuten regenerieren.

Die Sauce auf dem Herd erwärmen und alles damit umkränzen.

PUTENSCHNITZEL GEFÜLLT MIT TOMATEN-SCHAFSKÄSETATAR, DAZU GEMÜSE UND QUINOA

Woche 3

Montag Kind-1-Tag	Brokkoli-Käseecken mit Sahnesauce und Kartoffeln
Dienstag Vater-Tag	Reisfleisch von der Pute
Mittwoch Kind-2-Tag	Hirse-Apfelauflauf mit Beerensauce
Donnerstag Mutter-Tag	Linseneintopf mit Spinatknödel
Freitag Fischtag	Mediterrane Fischpfanne mit Kräuterreis
Samstag Kunterbunttag	Kartoffel-Gemüsestrudel mit Kräutersauce
Sonntag Lieblingsspeisentag	Rindfleischburger, dazu Erbsengemüse und Petersilienkartoffeln

Brokkoli-Käseecken mit Sahnesauce und Kartoffeln

600 g junge Kartoffeln
500 g Brokkoli
100 g Almkäse, gerieben
100 g Reismehl
1 Ei

300 ml Gemüsebrühe
100 ml Schlagobers
1 TL gekörnte Gemüsebrühe
2 TL Speisestärke

2 EL Butter
Meersalz, Pfeffer

Den DG auf 100° C vorheizen.

Die Kartoffeln waschen und im DG bei 100° C 50 Minuten dämpfen.

Den Brokkoli in Röschen teilen und im DG bei 100° C 6 Minuten dämpfen. Anschließend sofort kalt abspülen, abtropfen lassen und sehr klein schneiden oder in ganz kleine Röschen zupfen. Den Brokkoli mit Ei, Reismehl und Käse vermengen und mit Meersalz und Pfeffer würzen.

Mit einem Eisportionierer Kugeln abstechen und diese auf eine ungelochte Garschale geben. Mit einer Teigspachtel und den Händen gleichmäßige Rechtecke formen. Im DG bei 100° C 6 Minuten dämpfen.

Die Gemüsebrühe mit dem Schlagobers in einem Topf erwärmen und mit der gekörnten Gemüsebrühe und Salz würzen. Ein Mal aufkochen und mit der in kaltem Wasser angerührten Speisestärke binden.

Die ungeschälten Kartoffeln vierteln, in der erwärmten Butter schwenken und salzen.

Alles gemeinsam anrichten.

**Die Brokkoli-Käseecken und die Kartoffeln erkalten lassen und zugedeckt in den Kühlschrank stellen.
Bei Bedarf die Brokkoli-Käseecken und die Kartoffeln mit Frischhaltefolie zugedeckt im vorgewärmten DG bei 95° C 8 Minuten regenerieren.
Die Sauce auf dem Herd erwärmen und darübergießen.**

Reisfleisch von der Pute

250 g Putenbrust
250 g Langkornreis
500 ml Gemüsebrühe oder Wasser
100 ml Rindsuppe
1 große Zwiebel
1 Paprika rot
50 g Paprikapulver (edelsüß)
1 Knoblauchzehe, gehackt
1 EL Rapsöl
frischer Parmesan, gerieben
Meersalz, Pfeffer

Den DG auf 100° C vorheizen.

Putenbrust in Würfel schneiden. Zwiebel fein würfeln. Paprikaschote vierteln, entkernen, von Samen und Trennhäuten befreien und würfeln.

Öl in einer Pfanne erhitzen, Zwiebel- und Paprikawürfel anbraten. Das Fleisch dazugeben und kurz mitrösten. Mit Paprikapulver bestreuen, die gehackte Knoblauchzehe dazugeben, mit Meersalz sowie Pfeffer würzen und mit der Rindsuppe aufgießen. Das Putengulasch entweder auf dem Herd belassen und 20 Minuten köcheln lassen oder in eine ungelochte Garschale umleeren.

Den Reis mit der Gemüsebrühe in eine ungelochte Garschale geben und mit Meersalz würzen. Den Reis und das Putengulasch im DG bei 100° C ca. 25 Minuten dämpfen.

Wenn man den Reis und das Putengulasch getrennt dämpft, bleibt der Reis schön kernig. Erst danach vermengen und mit Parmesan bestreut anrichten.

Beides abkühlen lassen und zugedeckt in den Kühlschrank stellen.

Bei Bedarf das Reisfleisch auf Teller portionieren und mit Frischhaltefolie zugedeckt im vorgewärmten DG bei 95° C ca. 8 Minuten regenerieren. Mit dem Parmesan bestreuen.

REISFLEISCH VON DER PUTE

Hirse-Apfelauflauf mit Beerensauce

180 g Hirse
180 ml Wasser
180 ml Milch
2 EL Butter
60 g Zucker
2 Eier
60 ml Sauerrahm
200 g Äpfel
40 g Rosinen (evtl. in Rum eingeweicht)
2 EL Butter für die Form

150 g Beeren (frisch oder TK)
3 EL Honig
½ TL Vanillezucker
250 ml Schlagobers
2 EL Speisestärke

Den DG auf 100° C vorheizen.

Hirse heiß waschen, mit Wasser und Milch in eine ungelochte Garschale geben und im DG bei 100° C ca. 35 Minuten dämpfen. Danach etwas überkühlen lassen.

Die zimmerwarme Butter mit Zucker aufschlagen, Eier trennen, Eidotter einarbeiten, Hirse und Sauerrahm dazugeben. Die Eiklar zu Schnee schlagen und unter die Masse heben. Von den Äpfeln Kerngehäuse ausschneiden, Äpfel klein würfeln, dann mit den Rosinen vorsichtig in die Masse rühren und diese in eine gebutterte Auflaufform füllen. Im DG bei 100° C ca. 45 Minuten dämpfen.

Für die Fruchtsauce die Beeren mit dem Honig, Vanillezucker und Schlagobers 5 Minuten kochen (bei frischen Früchten genügen 3 Minuten), die Speisestärke in etwas Wasser anrühren und die Beerensauce damit binden.

Den Hirse-Apfelauflauf portionieren und mit der Fruchtsauce überzogen servieren.

 **In der Auflaufform auskühlen lassen und zugedeckt in den Kühlschrank stellen.
Bei Bedarf portionieren, auf Teller geben und mit Frischhaltefolie zugedeckt bei 95° C im vorgewärmten DG ca. 12 Minuten regenerieren.**

HIRSE-APFELAUFLAUF MIT BEERENSAUCE

Linseneintopf mit Spinatknödel

300 g Berglinsen
200 g Karotten
200 g Gelbe Rüben
200 g Sellerie
100 g Petersilienwurzel
1 große Zwiebel
1 ¼ l Gemüsebrühe oder Wasser
2 Knoblauchzehen, gehackt
1 Msp. Curry
Pfeffer, Paprika, Meersalz

150 g Spinat (TK)
125 ml Milch
250 g Knödelbrot
3 Eier
1 kleine Zwiebel
1 Knoblauchzehe
3 EL Butter
1 EL frische Petersilie, gehackt
1 Prise Muskatnuss
Meersalz, Pfeffer

Den DG auf 100° C vorheizen.

Das Gemüse schälen und in kleine Würfel schneiden.
Zwiebel und Wurzelgemüse mit den Linsen in eine ungelochte Garschale geben, mit Gemüsebrühe übergießen und mit den gehackten Knoblauchzehen, Curry, Pfeffer, Paprika und Meersalz würzen. Im DG bei 100° C ca. 35 Minuten dämpfen.

Milch in einen ungelochten Garbehälter gießen, Spinat auf ein gelochtes Garblech geben und beides im DG bei 100° C 5 Minuten dämpfen. Den frischen (oder aufgetauten) Spinat gut abtropfen lassen, fest ausdrücken und grob schneiden.

Die erwärmte Milch und den Spinat über das Knödelbrot leeren, die Eier aufschlagen und ebenfalls dazugeben.

Zwiebel und Knoblauchzehe fein würfeln und in der Butter leicht glasig anschwitzen, Die gehackte Petersilie kurz mitbraten und alles gemeinsam zum Knödelbrot geben. Mit Salz, Pfeffer und Muskatnuss würzen.
Die Masse locker vermengen und mit nassen Händen Knödel formen.

Die Knödel auf eine gelochte Garschale geben und im DG bei 100° C ca. 15 Minuten dämpfen.

Gemeinsam mit dem Linseneintopf anrichten.

Die Knödel in kaltem Wasser abschrecken, in der Mitte durchschneiden und zugedeckt in den Kühlschrank geben.

Bei Bedarf eine Portion Linseneintopf und jeweils 2 halbe Knödel auf einen Teller geben und mit Frischhaltefolie zugedeckt im vorgewärmten DG bei 95° C 10 Minuten regenerieren.

LINSENEINTOPF MIT SPINATKNÖDEL

Mediterrane Fischpfanne mit Kräuterreis

500 g Fischfilet, z. B. Kabeljau, Lachsfilet
100 g Riesengarnelen
2 Eiertomaten
2 mittelgroße Zucchini
1 Melanzani
1 Paprika rot
1 Paprika gelb
1 Paprika grün
100 g grüne Oliven, entsteint
1 Zitrone (Saft)
2 Knoblauchzehen, gehackt
Thymian, Majoran
2 EL Olivenöl
Meersalz, Pfeffer

300 g Langkornreis
600 ml Wasser
Meersalz
frische Kräuter nach Saison, z. B. Petersilie, Schnittlauch, Kresse, Thymian, Oregano

Den DG auf 100° C vorheizen.

Den Reis in einen ungelochten Garbehälter mit Wasser geben, salzen und bei 100° C ca. 25 Minuten dämpfen. Danach mit den frischen, gehackten Kräutern vermengen.

Die Fischfilets halbieren. Den Zitronensaft mit Meersalz und Pfeffer verrühren, die Riesengarnelen und die Fischfilets damit beträufeln.

Die Eiertomaten vierteln, Zucchini, Melanzani, der Länge nach vierteln und dann in Scheiben schneiden. Von den Paprika den Deckel abschneiden, Schoten halbieren, die Trennwände sowie die Kerne entfernen, in grobe Stücke schneiden.

Das Gemüse und die Oliven mit Meersalz, Pfeffer, dem gehackten Knoblauch, Thymian, Majoran sowie dem Olivenöl leicht vermengen und in einen ungelochten Garbehälter geben.

Nun den Fisch auf das Gemüse geben und mit dem Reis die letzten 15 Minuten mitdämpfen.

Gemeinsam anrichten und genießen.

Den Reis wie oben angeführt dämpfen, auskühlen lassen mit den Kräutern vermengen. Zugedeckt in den Kühlschrank stellen.

Bei Bedarf den Reis und das rohe Gemüse auf Teller verteilen. Den rohen Fisch darauflegen, mit dem angerührten Zitronensaft bestreichen und mit Frischhaltefolie zugedeckt im vorgewärmten DG bei 90° C ca. 15 Minuten regenerieren. Vor dem Essen mit Meersalz würzen.

MEDITERRANE FISCHPFANNE MIT KRÄUTERREIS

Kartoffel-Gemüsestrudel mit Kräutersauce

600 g Kartoffeln (mehlig)
100 g Karotten
100 g Zucchini
100 g Brokkoli
100 g Frischkäse oder Magertopfen
4 Strudelblätter
2 EL Butter
Meersalz, Pfeffer
Schabzigerklee, Petersilie, Muskatnuss

Kräutersauce:
250 ml Schlagobers
150 ml Gemüsebrühe oder Wasser
100 g Zwiebel
2 EL Olivenöl
2 EL Weißwein
1 EL Speisestärke
Meersalz
frische Kräuter, z. B. Kresse, Schnittlauch, Petersilie

Den DG auf 100° C vorheizen.

Die Kartoffeln waschen und in der Schale im DG bei 100° C auf einem gelochten Garbehälter für ca. 50 Minuten dämpfen.

Die Karotten schälen, die Zucchini waschen und beides kleinwürfelig schneiden, danach getrennt in eine gelochte Garschale geben. Den Brokkoli in kleine Röschen teilen und zu den Zucchini auf die gelochte Garschale geben. Die Karotten 15 Minuten vor Ende der Garzeit zu den Kartoffeln in den DG geben und die letzten 8 Minuten Zucchini und Brokkoli dazugeben.

Anschließend das Gemüse sofort kalt abspülen und abtropfen lassen, die Kartoffeln schälen und etwas auskühlen lassen. Die Kartoffeln stampfen und mit dem Gemüse, dem Frischkäse, Salz, Pfeffer, Schabzigerklee, Petersilie und etwas Muskatnuss vermengen.

Ein Strudelblatt auf ein Küchentuch legen, mit der flüssigen Butter bestreichen und ein zweites Blatt darauflegen. Nun einen Teil der Masse auf das untere Ende des Strudelblattes legen, beide Seiten einschlagen und mithilfe des Küchentuchs aufrollen. Mit der restlichen Masse ebenso verfahren und die Strudel auf eine ungelochte Garschale legen. Im DG bei 100° C ca. 30 Minuten dämpfen.

Für die Sauce das Olivenöl in einem Topf erhitzen, die fein geschnittene Zwiebel darin anschwitzen und mit dem Weißwein ablöschen. Etwas reduzieren und mit der Gemüsebrühe oder dem Wasser sowie dem Schlagobers auffüllen. Mit Meersalz würzen, die frischen Kräuter von den Stielen zupfen und ebenfalls in die Sauce geben. Nur kurz aufkochen lassen und mit einem Standmixer (oder Stabmixer) fein pürieren.

Danach die Sauce wieder in den Topf geben, die Speisestärke mit 1 EL kaltem Wasser anrühren und die kochende Sauce damit binden.

Den Strudel portionieren und gemeinsam mit der Sauce anrichten.

Für den späteren Gebrauch den Strudel erkalten lassen und zugedeckt in den Kühlschrank geben.

Bei Bedarf den Kartoffel-Gemüsestrudel auf Teller portionieren, mit Frischhaltefolie zudecken und im vorgewärmten DG bei 95° C ca. 8 Minuten regenerieren.

Die Sauce auf dem Herd erwärmen und den Strudel damit umkränzen.

KARTOFFEL-GEMÜSESTRUDEL MIT KRÄUTERSAUCE

Rindfleischburger, dazu Erbsengemüse und Petersilienkartoffeln

500 g faschiertes Rindfleisch
3 Scheiben Vollkorn-Toastbrot
1 Zwiebel
2 EL Butter
1 EL Petersilie, gehackt
1 Ei
$1/16$ l Schlagobers
1 TL Senf, mittelscharf
2 Knoblauchzehen, gehackt
Majoran
Meersalz, Pfeffer
2 EL Olivenöl zum Ausstreichen

600 g Kartoffeln
80 g Butter
1 EL frische Petersilie, gehackt
Meersalz

320 g Erbsen (frisch oder TK)
2 EL Butter
Meersalz

Den DG auf 100° C vorheizen.

Die Kartoffeln waschen und auf ein gelochtes Garblech geben. Im DG bei 100° C ca. 50 Minuten garen.

Toastbrot entrinden, in etwas Wasser einweichen und ausdrücken. Die Zwiebel fein hacken und in einer Pfanne mit der Butter anschwitzen, die gehackte Petersilie dazugeben und kurz mitrösten.

Ei und Schlagobers mit Senf, Knoblauch, Meersalz, Pfeffer und Majoran zum Faschierten geben und gut durchmischen. Mit nassen Händen kleine Laibchen formen und diese auf eine geölte ungelochte Garschale geben. Die Laibchen die letzten 15 Minuten mit den Kartoffeln mitdämpfen.

Die Erbsen auf ein ungelochtes Garblech geben, Butter und Salz hinzufügen, und 10 Minuten vor Ende der Garzeit der Kartoffeln (und des Faschierten) in den DG schieben.

Die Kartoffeln schälen und vierteln und in Butter mit 1 EL gehackter Petersilie schwenken, salzen.

Alles portionsweise auf den Tellern anrichten.

Die erkalteten Speisen zugedeckt in den Kühlschrank stellen.

Bei Bedarf den Burger mit den Petersilienkartoffeln und dem rohen Erbsengemüse auf Teller portionieren und, zugedeckt mit Frischhaltefolie, im vorgewärmten DG bei 95° C ca. 10 Minuten regenerieren bzw. dämpfen.

RINDFLEISCHBURGER, DAZU ERBSENGEMÜSE UND PETERSILIENKARTOFFELN

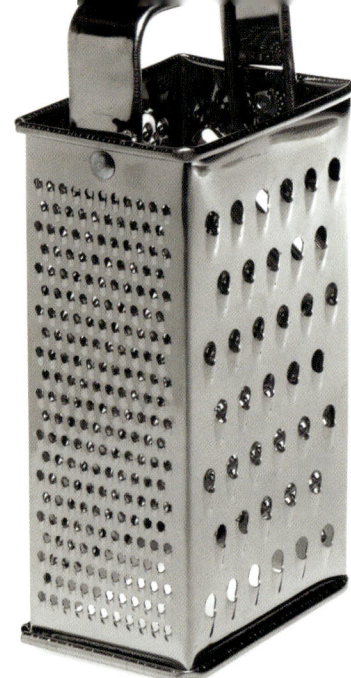

Woche 4

Montag Kind-1-Tag	Gemüserisotto
Dienstag Vater-Tag	Hühnerfilet auf buntem Gemüse und Basilikum-Wildreis
Mittwoch Kind-2-Tag	Topfenknödel mit Erdbeersauce
Donnerstag Mutter-Tag	Ofenkartoffel mit mexikanischem Gemüse
Freitag Fischtag	Gedämpftes Wildlachsfilet mit Sahnesauce und Nudeln
Samstag Kunterbunttag	Kartoffel-Gemüsegröstl
Sonntag Lieblingsspeisentag	Gefüllte Rindsroulade mit Gemüse

Gemüserisotto

300 g Zucchini
200 g Karotten
100 g Zwiebel
100 g Paprika rot
100 g Paprika gelb
150 g Zuckerschoten (TK)
3 EL Olivenöl
175 g Risottoreis
800 ml Gemüsebrühe
150 g frischer Parmesan, gerieben
Schabzigerklee
Meersalz, Pfeffer

Den DG auf 100° C vorheizen.

Zwiebel abziehen und fein würfeln. Zucchini, Karotten und Paprika putzen, waschen und in kleine Würfel schneiden. Zwiebel in Olivenöl anschwitzen, das vorbereitete Gemüse und den Reis hinzufügen, ebenfalls kurz anschwitzen, mit Gemüsebrühe ablöschen und mit Meersalz, Pfeffer, Schabzigerklee würzen.

Das Ganze in einen ungelochten Garbehälter geben und im DG bei 100° C 30 Minuten dämpfen.

Zuckerschoten auf einen gelochten Einsatz geben und die letzten 2 Minuten mitdämpfen.

Risotto mit den Zuckerschoten mischen, mit Parmesan bestreut servieren.

 Risotto abkühlen lassen und zugedeckt in den Kühlschrank geben.

Bei Bedarf Risotto auf Teller portionieren und mit Frischhaltfolie zugedeckt im vorgewärmten DG bei 95° C ca. 8 Minuten regenerieren. Mit Parmesan bestreuen und servieren.

Hühnerfilet auf buntem Gemüse und Basilikum-Wildreis

4 Hühnerfilets
200 g Zucchini
100 g Paprika rot
100 g Paprika grün
100 g Paprika gelb
100 g Cocktailtomaten
1 EL Olivenöl
Meersalz, Pfeffer
Oregano, Thymian
2 Knoblauchzehen, gehackt

300 g Wildreis
600 ml Wasser
2 EL Butter
Meersalz
2 EL frisches Basilikum, fein geschnitten
etwas Basilikum für die Garnitur

Den DG auf 100° C vorheizen.

Den Reis mit der angegebenen Menge Wasser in einen ungelochten Garbehälter geben und im DG bei 100° C 25 Minuten dämpfen.

Die Hühnerfilets mit Meersalz würzen, auf ein ungelochtes Garblech legen und für 15 Minuten bei 100° C zum Reis in den DG geben.

Die Zucchini grob würfeln. Von den Paprika den Deckel abschneiden, die Schoten halbieren, die Trennwände sowie die Kerne entfernen, in grobe Stücke schneiden. Die Cocktailtomaten im Ganzen mit dem vorbereiteten Gemüse auf ein gelochtes Garblech geben.

Das Gemüse in die unterste Schiene des DG geben und die letzten 8 Minuten gemeinsam mit den Hühnerfilets und dem Reis dämpfen.

Nach Ende der Garzeit das Gemüse mit dem Olivenöl, Meersalz, Pfeffer, Oregano, Thymian und den gehackten Knoblauchzehen würzen und leicht vermengen.

Für den Reis die Butter erwärmen, mit dem Meersalz und dem frischen Basilikum gut vermischen.

Dekorativ mit Basilikumblättchen als Garnitur anrichten.

Die erkalteten Speisen zugedeckt in den Kühlschrank stellen.

Bei Bedarf das Hühnerfilet mit dem Reis auf Teller portionieren, mit Frischhaltefolie zudecken. Das rohe Gemüse – wie oben angegeben – auf das gelochte Garblech geben. Beides im vorgewärmten DG bei 95° C ca. 10 Minuten dämpfen bzw. regenerieren. Das Gemüse mit Olivenöl und Gewürzen vermengen und alles gemeinsam anrichten.

HÜHNERFILET AUF BUNTEM GEMÜSE UND BASILIKUM-WILDREIS

Topfenknödel mit Erdbeersauce

250 g Topfen
80 g Grieß
130 g Butter, zimmerwarm
2 Eier
60 g Semmelbrösel
2 EL Kristallzucker
1 EL Dinkelmehl

250 g Erdbeeren
50 g Staubzucker
100 ml Sauerrahm
Zitronensaft

Alle Zutaten für den Topfenteig verrühren und diesen mindestens 15 Minuten im Kühlschrank rasten lassen.

Den DG auf 100° C vorheizen.

Nun mit nassen Händen die Knödel formen, diese auf ein gelochtes Garblech geben.

Bei 95° C 15 Minuten dämpfen.

Für die Fruchtsauce alle Zutaten mixen und durch ein Sieb streichen.

Die Sauce auf den Teller geben und die Topfenknödel daraufsetzen.

Die ausgekühlten Topfenknödel zugedeckt in den Kühlschrank stellen.

**Bei Bedarf eine Portion Topfenknödel auf Tellern anrichten und mit Frischhaltefolie zugedeckt im vorgewärmten DG bei 95° C
5 Minuten regenerieren.
Mit der Fruchtsauce servieren.**

TOPFENKNÖDEL MIT ERDBEERSAUCE

Ofenkartoffel mit mexikanischem Gemüse

4 Ofenkartoffeln
100 g Zucchini
100 g Paprika rot
100 g Paprika grün
100 g Paprika gelb
100 g Zuckermais (TK oder Dose)
200 g Indianerbohnen (Dose)

Sauce:
200 g Tomatenketchup
3 EL Senf, mittelscharf/scharf
2 EL Honig
1 TL Curry
1 Zwiebel, fein gehackt
2 Knoblauchzehen, gehackt
Chili
Meersalz, Pfeffer

2 EL Balsamicolack

Den DG auf 100° C vorheizen.

Die Ofenkartoffeln waschen und im DG bei 100° C 50 Minuten dämpfen.

Die Zucchini putzen, der Länge nach halbieren und in Scheiben schneiden. Von den Paprika den Deckel abnehmen, den Samen und die Trennwände entfernen und die Schoten grob schneiden.

Das Gemüse auf eine gelochte Garschale geben und für 5 Minuten zu den Kartoffeln in den DG geben.

Alle Zutaten für die Sauce mit der Schneerute gut verrühren und Chili je nach Geschmack dazugeben.

Mais und Indianerbohnen abspülen und mit dem vorbereiteten Gemüse in eine ungelochte Garschale leeren, mit der mexikanischen Sauce vermengen. Die letzten 5 Minuten mit den Kartoffeln mitdämpfen.

Die Ofenkartoffeln aus dem DG nehmen und halbieren. Auf Teller geben und mit dem Gemüse anrichten.
Nach Belieben mit Balsamicolack dekorieren.

 Die halbierten Kartoffeln und das Gemüse erkalten lassen und zugedeckt in den Kühlschrank stellen.

Bei Bedarf eine Portion Kartoffeln mit Gemüse auf Tellern anrichten und mit Frischhaltefolie zugedeckt im vorgewärmten DG bei 95° C 8 Minuten regenerieren.

OFENKARTOFFEL MIT MEXIKANISCHEM GEMÜSE

Gedämpftes Wildlachsfilet mit Sahnesauce und Nudeln

4 Wildlachsfilets
Meersalz, Pfeffer
Rosenblüten
½ Zitrone (Saft)

1 Zwiebel
1 EL Olivenöl
2 EL Weißwein
100 ml Gemüsebrühe oder Wasser
200 ml Schlagobers
1 TL gekörnte Gemüsebrühe
Meersalz, Pfeffer
1 TL Speisestärke

600 g Vollkornnudeln
(1 EL Olivenöl, Meersalz)

Den DG auf 100° C vorheizen.

Die Wildlachsfilets waschen und mit Meersalz, Pfeffer und einigen Rosenblüten würzen und mit dem Zitronensaft beträufeln. In einen ungelochten Garbehälter geben.

Die Zwiebel fein hacken und in einem Topf mit Olivenöl anschwitzen. Mit dem Weißwein ablöschen und etwas reduzieren. Mit der Gemüsebrühe (Wasser) und dem Schlagobers auffüllen, die gekörnte Gemüsebrühe, Meersalz und Pfeffer beigeben und 5 Minuten kochen. Die Speisestärke mit kaltem Wasser anrühren und die Sauce damit binden.

Den Wildlachs für 5 Minuten im DG bei 100° C dämpfen. Danach die Temperatur auf 80° C zurückschalten und den Lachs in 12 Minuten fertig dämpfen.

Die Nudeln in reichlich Salzwasser al dente kochen, dann mit der Sahnesauce vermengen. Auf Tellern anrichten und den Wildlachs dekorativ auf die Nudeln platzieren.

**Die Nudeln sehr al dente kochen (damit sie nach dem Regenieren bissfest bleiben) und sofort in einem Sieb mit kaltem Wasser abspülen. Gut abtropfen lassen und mit Olivenöl und Salz mischen.
Die Sahnesauce im Topf erkalten lassen.
Alles zugedeckt in den Kühlschrank geben.**

Bei Bedarf die Nudeln mit dem rohen Lachs auf Tellern anrichten und im vorgewärmten DG 20 Minuten bei 80° C regenerieren. Die Sauce auf dem Herd erwärmen und zum Schluss über die Nudeln gießen.

GEDÄMPFTES WILDLACHSFILET MIT SAHNESAUCE UND NUDELN

Kartoffel-Gemüsegröstl

500 g Kartoffeln (festkochend)
100 g Lauch
½ Zucchini
1 Paprika gelb
1 Zwiebel
5 Cocktailtomaten
2 EL Olivenöl
Meersalz, Pfeffer
2 Knoblauchzehen, gehackt
frische Kräuter, gehackt: Petersilie, Majoran, Thymian

Den DG auf 100° C vorheizen.

Die Kartoffeln waschen und im DG bei 100° C dämpfen.

Die Zwiebel abziehen und in grobe Würfel schneiden. Den Lauch sowie die Zucchini waschen und in grobe Ringe bzw. Würfel schneiden. Vom Paprika den Deckel abnehmen, den Samen und die Trennwände entfernen, Schote grob schneiden.

Die gedämpften Kartoffeln schälen und in grobe Scheiben schneiden.

Alles, auch die Cocktailtomaten im Ganzen, mit dem Olivenöl vermischen und auf ein ungelochtes Garblech geben, mit Meersalz, Pfeffer, Knoblauch und den Kräutern würzen und 8 Minuten im DG bei 95° C dämpfen.

Das gewürzte Kartoffel-Gemüsegröstl rasch kühlen und zugedeckt in den Kühlschrank geben.

Bei Bedarf auf Teller portionieren und mit Frischhaltefolie zugedeckt im vorgewärmten DG bei 95° C 8 Minuten regenerieren.

KARTOFFEL-GEMÜSEGRÖSTL

Gefüllte Rindsroulade mit Gemüse

4 große Rindschnitzel
4 Scheiben Bauchspeck
1 Karotte
1 Gelbe Rübe
1 große Essiggurke
1 Zwiebel
1 Bd. Suppengemüse
3 EL Olivenöl
2 EL Tomatenmark
¼ l Rotwein
⅛ l Rindsuppe
2 EL Schlagobers
1 EL Speisestärke
Meersalz, Pfeffer, Senf

Den DG auf 100° C vorheizen.

Das Schnitzelfleisch zwischen Frischhaltefolie plattieren, mit Salz, Pfeffer und Senf einreiben.

Die Karotte und die Gelbe Rübe schälen und achteln. Die Essiggurke der Länge nach vierteln. 1 Stück von der Karotte, 1 Stück von der Gelben Rübe, 1 Scheibe Speck und 1 Stück Essiggurke auf den unteren Rand der Schnitzel legen, die Seitenränder einschlagen und zu einer Roulade rollen. Die Rouladen mit der Verschlussseite nach unten auf ein ungelochtes Garblech legen.

Zwiebel fein würfeln, das geputzte Suppengemüse in grobe Würfel schneiden. Alles in einem Topf in Olivenöl anbraten, 1 TL Senf und Tomatenmark dazugeben und mitrösten. Nun mit dem Rotwein ablöschen und mit der Rindsuppe aufgießen. Den Fond 5 Minuten kochen lassen und über die Rouladen gießen.

Die Rouladen im DG bei 100° C 90 Minuten dämpfen.
Danach die Rouladen aus dem Fond nehmen, den Fond in einen Topf passieren, den Schlagobers mit der Speisestärke verrühren und die Sauce damit binden.
Die Rouladen in der Mitte schräg durchschneiden und auf der Sauce anrichten. Dazu passen z. B. Nudeln oder Kartoffelpüree.

Die Rouladen erkalten lassen und zugedeckt in den Kühlschrank stellen.

Bei Bedarf die Rouladen in der Mitte schräg durchschneiden und mit Frischhaltefolie zugedeckt mit der Beilage im vorgewärmten DG bei 95° C 10 Minuten regenerieren.

GEFÜLLTE RINDSROULADE MIT GEMÜSE

Feine Kreationen für den Brunch

Endlich Wochenende! Da kann es schon ein wirklicher Genuss sein, mit der Familie oder mit Freunden besonders entspannt den Tag zu beginnen – ein ausgedehntes Sonntagsfrühstück, das in das Mittagessen übergeht, dazu vielleicht ein Gläschen Prickelndes als „Muntermacher" ... Der Brunch (aus dem Englischen, „breakfast" für Frühstück und „lunch" für Mittagessen) ist auch hierzulande seit vielen Jahren nicht mehr wegzudenken und wird in der Gastronomie immer beliebter. Kaum ein gutes Haus, das sonntags nicht eine solche Mahlzeit im Programm hat.

In den eigenen vier Wänden ist ein Brunch meist mit einigem Aufwand verbunden, da recht viel Planungs- und Vorbereitungsarbeit dahintersteckt, wenn man den Gästen und sich selbst eine bunte Auswahl an Köstlichkeiten bieten will.
Das Gute ist nun: besitzt man ein Dampfgargerät, macht das „Brunchen" erst richtig Spaß. Im Prinzip kann alles, was sich im Kühlschrank befindet, dabei aufgearbeitet werden. Eine ideale Gelegenheit, um den Kühlschrank für die bevorstehende Woche freizubekommen.

Sind beispielsweise Dinkel-Maistortillas übrig, so eignen sich diese bestens für jegliche Art von Füllungen. Ob Fleisch, Fisch, Gemüse, Eiergerichte, ob kalt oder warm, bei den Variationen gibt es keine Einschränkungen, das Dampfgargerät (und Ihre Fantasie) macht's möglich.

Sie können etwa bunten Blattsalat auf eine Tortilla legen, übrig gebliebenes Hühnergeschnetzeltes im DG bei 95° C 8 Minuten dämpfen und auf die Salatblätter platzieren. Ein paar Spritzer Balsamicoglasur darauf, eventuell etwas Ketchup, Grillsauce oder Sauerrahm, fertig ist ein schmackhaftes Gericht. Ohne Weiteres lassen sich aus einer halben Tortilla kleine, raffinierte Gustostücke zubereiten: Füllen Sie diese mit Thunfisch oder Sgombri, Tomaten, Zucchini, Schafskäse oder einfach mit Schinken, Käse und Salat.

Alles, was Sie mit Palatschinken und Tortillas zubereiten, können Sie genauso gut als Strudel „verpacken". Übrig gebliebene Speisen aus Fleisch, Fisch, Gemüse oder Obst in Strudelteig einrollen und im Dampfgarer dämpfen. Anschließend in handliche, appetitliche Portionen schneiden, schön auf Tellern anrichten, fertig!

Grundsätzlich sind alle Speisen für einen Brunch geeignet. Das „Dampfgarer-Plus" ist aber das leichte und bequeme Regenerieren, nichts wird trocken oder zu dunkel gebräunt oder musig oder ... Einfach die perfekte „Resteküche"! Die Revitalisierung von Übriggebliebenem mit Ergänzung durch Frisches führt zu innovativen Ergebnissen – und nichts muss weggeworfen werden. Der Dampfgarer wird damit gleichzeitig zum Sparmeister, alles wird verbraucht und nichts vergeudet.

Zaubern Sie also neue Kreationen, indem Sie ein Gericht vom Vortag z. B. mit frisch zubereitetem Gemüse aufpeppen. Oder kombinieren Sie frisch gegarten Reis mit der Sauce vom Vortag. Oder servieren Sie Vorhandenes, egal ob süß oder pikant, verfeinert mit frisch geriebenem Käse oder würzigen Kräutern oder gerösteten, gehackten Nüssen. Das problemlose und schonende Regenerieren übernimmt der Dampfgarer.

Eine weitere köstliche Idee: Kombinieren Sie für ein „Bauernfrühstück" eine

Portion frisches Gemüse, etwas Schinken und eine Kartoffel in Scheiben geschnitten. Schichten Sie alles zusammen in einen Suppenteller, verrühren Sie in einer Tasse ein oder zwei Eier und fügen Sie etwas Schlagobers hinzu. Würzen Sie das Ei-Schlagobers-Gemisch mit Salz, Pfeffer, Majoran sowie Thymian und übergießen Sie damit Ihre Kreation auf dem Teller. Mit einer Frischhaltefolie zugedeckt im DG bei 100° C 5 Minuten garen.

Wollten Sie immer schon Ihr Frühstücksei perfekt gekocht haben? Mithilfe des Dampfgarers gelingt es jetzt. Einfach den DG auf 100° C vorheizen, die Eier in einem gelochten Garbehälter in den DG geben und je nach Vorliebe 4, 5 oder 6 Minuten auf den Punkt garen.

Oder bevorzugen Sie das Ei im Glas? Dazu ein oder mehrere Eier in ein Glas oder eine Tasse gleiten lassen und nach Belieben garen. Die Bewunderung Ihrer Familie und Ihrer Gäste ist Ihnen sicher, denn der Eidotter wird erst durch den „Löffelstich" sichtbar! Ein ganz besonders feiner, auch optischer Genuss. Kombinieren Sie die Eier im Glas je nach Geschmack mit Schinken, Käse, Gemüse oder anderem!

Aber auch der deftigere Genuss kommt beim Dampfgaren nicht zu kurz. Wer zum erweiterten Sonntagsfrühstück Würstchen servieren möchte, heizt den DG auf 95° C vor und gart die Würstchen – jeglicher Art – im Dampf. Mit dem eindeutigen Vorteil, dass kein Würstchen jemals aufplatzen wird.
Zu berücksichtigen ist nur: Frankfurter bzw. Wiener Würstchen haben eine Garzeit von 5 Minuten, Selchwürste hingegen benötigen 25 Minuten im DG.

Insgesamt gilt: Sämtliche Rezepte in diesem Buch, ebenso wie jene aus unserem „Das 1 x 1 des Dampfgarens", sind absolut „brunchgeeignet". Lassen Sie Ihrer Kreativität einfach freien Lauf.

Einen köstlichen Start in den Tag!

Neue Lieblingsspeisen

Genau genommen ist jeder Tag ein Tag für Lieblingsspeisen. Das sind meist bestimmte Gerichte, deren Geschmack oder Geruch an die eigene Kindheit erinnern oder auch an bestimmte Ereignisse im Leben. Speisen, bei deren Genuss das Herz einfach höher schlägt. Dass auch Rezepte mit der Zeit gehen und an moderne Lebensweisen angepasst werden, ist naheliegend. Der Dampfgarer bietet herrliche Möglichkeiten, um Lieblingsspeisen leicht und schonend zuzubereiten. Was aber, wenn sich Gäste angesagt haben? Muss dann wieder auf die „übliche" Methode zurückgegriffen werden, um etwas Besonderes zu kredenzen? Keineswegs! Mithilfe des Dampfgargerätes können Sie mühelos aus dem Schatzkästchen Ihrer Lieblingsgerichte ein perfektes Dinner servieren. Vorbildliche Vorbereitung, tadelloses Mise en place – und der Abend kann kommen!

Wie mag nun der ideale Zeitplan für ein perfektes Dinner aussehen? Hier ein Beispiel für das richtige Vorbereiten und Regenerieren:

MENÜ
Kalte Vorspeise: Bunter Salat der Saison mit Bio-Riesengarnelen
Warme Vorspeise: Zanderfilet mit Gemüse-Kartoffeln und Schnittlauchdip (siehe Seite 34)
Hauptspeise: Schweinsfilet mit Tsatsiki und Kartoffeln (siehe Seite 24)
Dessert: Milchrahmauflauf mit Vanillesauce (siehe Seite 16)

Begonnen wird mit dem Dessert, denn der Milchrahmauflauf kann 2–3 Stunden im Kühlschrank auf seinen Auftritt warten.
Auch die Vanillesauce wird schon vorab zubereitet, in eine Keramikschüssel umgefüllt und, damit sich keine Haut bildet, mit Frischhaltefolie zugedeckt.

Als Nächstes werden die Kartoffeln zubereitet. Entsprechend der Angabe im Rezept dämpfen, währenddessen das Tsatsiki zubereiten.

Nun wird das Gemüse geputzt und geschnitten und die letzten 8 Minuten zu den Kartoffeln in den DG gegeben. Danach das Gemüse sofort kalt abschwemmen. Die Kartoffeln schälen.

Im nächsten Schritt wird der Schnittlauchdip vorbereitet. Dazu wird als Erstes der frische Schnittlauch klein geschnitten, die restlichen Zutaten siehe Rezept.

Nun sind die Riesengarnelen an der Reihe, diese dazu auf ein gelochtes Garblech legen.

In ungelochte, voneinander getrennte Garbehälter (Auflaufformen) gibt man
- das Zanderfilet und das Gemüse,
- das gewürzte Schweinsfilet und
- die Kartoffeln mit etwas Butter und gehackter Petersilie.

Alles kühl stellen.

Jetzt wird der Salat geputzt und die Salatmarinade zubereitet.

DIE GÄSTE KOMMEN!

Erster Gang:
Den Salat noch unmariniert auf Teller geben.
Nach dem Aperitif die Riesengarnelen für 8 Minuten im DG bei 95° C dämpfen.
In der Zwischenzeit das Brot, Weißbrot oder Toastbrot anrichten.
Den Salat marinieren und die Riesengarnelen daraufsetzen.

Zweiter Gang:
Den Fisch mit dem Gemüse für 8 Minuten bei 90° C im DG dämpfen und gemeinsam mit dem Schnittlauchdip anrichten.

Dritter Gang:
Nach dem Abservieren des zweiten Gangs das Schweinsfilet in den DG geben und bei 100° C 15 Minuten dämpfen. Während das Fleisch warm rastet, kommen die Kartoffeln für 6 Minuten bei 95° C in den DG.

Tsatsiki in Schälchen oder ausgehöhlte Tomaten geben, das Fleisch schräg aufschneiden und zu den Kartoffeln auf den Teller geben. Mit Fleischsaft dekorieren.

Vierter Gang:
Das Dessert benötigt im DG bei 95° C 8 Minuten zum Regenerieren. Die vorbereitete Vanillesauce mit der Frischhaltefolie einfach zum Milchrahmauflauf in den DG geben und mitgaren. (Keine Sorge, es wird nichts anbrennen!) Anschließend gemeinsam anrichten.

Mit diesem optimalen Zeitplan begeistern Sie nicht nur Ihre Gäste, auch selbst werden Sie entspannt Ihrem Besuch entgegensehen.

Mangold mit Parmesanstücken

Den DG auf 100 °C vorheizen.

Den Mangold waschen und abtropfen lassen. Die Mangoldstiele mit einem Messer keilförmig aus den Blättern schneiden. Von der Hälfte der Stiele – wie bei Rhabarber – die Fäden abziehen und die Stiele in 4 cm große Stücke schneiden. (Die restlichen Stiele können beispielsweise in einer Suppe Verwendung finden.)

Die Mangoldstiele auf ein gelochtes Garblech geben und im DG 20 Minuten bei 100 °C dämpfen.

Die Mangoldblätter ebenfalls auf ein gelochtes Garblech geben und die letzten 2 Minuten mit den Stielen mitdämpfen.

Danach die Stiele warm stellen, die Mangoldblätter gut ausdrücken und in ca. 2 cm breite Streifen schneiden.

In einer Pfanne das Olivenöl erwärmen, die gedämpften Mangoldstiele dazugeben und mit Salz, Pfeffer, Zitronensaft und Muskat würzen. Die Stiele kurz durchschwenken und den gehackten Knoblauch, die Chilischoten und die geschnittenen Mangoldblätter dazugeben. Das Ganze 2 Minuten rösten, dann auskühlen lassen.

Das Mangoldgemüse auf Tellern anrichten und den grob geschnittenen Parmesan (Pecorino) darüberstreuen.

600 g Mangold
200 g Parmesan oder Pecorino
5 EL Olivenöl
Meersalz, Pfeffer
1 EL Zitronensaft
2 Muskatblüten
2 Chilischoten, getrocknet
2 Knoblauchzehen, gehackt

Gemüse-Hirsetörtchen mit Wildkräutersauce

Den DG auf 100° C vorheizen.

Das Gemüse waschen, schälen, in kleine Würfel schneiden und auf ein gelochtes Garblech geben. Im DG bei 100° C 6 Minuten dämpfen und danach sofort kalt abschwemmen sowie gut abtropfen lassen.

Hirse mit heißem Wasser gut abspülen, in einen ungelochten Garbehälter geben, das Wasser dazugeben und salzen, danach im DG bei 100° C 20 Minuten dämpfen. Dann die Hitze auf 80° C reduzieren und nochmals 10 Minuten dämpfen. Die Hirse aus dem DG nehmen und überkühlen lassen. In der Zwischenzeit die Dariolformen (oder Kaffeetassen) mit Butter auspinseln.

Eier trennen. Die küchenwarme Butter schaumig rühren und die Dotter nach und nach einrühren. Die überkühlte Hirse, den Topfen und das Gemüse unterheben und mit Meersalz, Pfeffer, Schabzigerklee und Petersilie würzen.
Eiklar mit einer Prise Meersalz schaumig schlagen und unter die Masse heben.

Die Dariolformen zu 2/3 mit der Hirsemasse füllen und im DG bei 100° C 45 Minuten dämpfen.

Den Wein in einem Topf aufschäumen, mit der Gemüsebrühe und dem Schlagobers auffüllen. Mit der gekörnten Gemüsebrühe und Salz abschmecken. Speisestärke in etwas kaltem Wasser anrühren und die Sauce damit binden.

100 g Hirse
300 ml Wasser
1 Karotte
1 Gelbe Rübe
1 kleine Stange Lauch
1/4 Sellerieknolle
4 Eier
70 g Butter
100 g Topfen
Meersalz, Pfeffer
Schabzigerklee
1 EL Petersilie, gehackt
2 EL flüssige Butter zum Ausstreichen

200 ml Gemüsebrühe
150 ml Schlagobers
1/16 l Weißwein
1 TL gekörnte Gemüsebrühe
1 TL Speisestärke
2 EL Wildblüten, z. B. Ringelblume, Kornblume, Veilchen, Lavendel, wilde Kamille
Meersalz

Die aus den Dariolformen gestürzten Gemüse-Hirsetörtchen und die Sauce getrennt erkalten lassen und zugedeckt in den Kühlschrank stellen.
Bei Bedarf die Törtchen mit Frischhaltefolie zugedeckt im vorgewärmten DG bei 95° C 8 Minuten regenerieren.
Die Sauce auf dem Herd erwärmen und um die Törtchen gießen.

Getreide-Gemüseecken

Den DG auf 100°C vorheizen.

Getreide waschen und abtropfen lassen. In eine ungelochte Garschale geben und mit 1 Liter ungesalzenem Wasser aufgießen. Das Lorbeerblatt dazugeben. Getreide in den DG geben und 15 Minuten dämpfen. Herausnehmen, zudecken und 10 Minuten quellen lassen.

Gemüse waschen, Karotten schälen und vom Spargel die holzigen Enden abschneiden. Alles in kleine Würfel schneiden. Von den Paprika den Deckel abnehmen und die Kerne sowie die Trennwände ausschneiden. Paprika ebenfalls in kleine Würfel schneiden.

Das Getreide, das vorbereitete Gemüse, die Eier, und das Reismehl mit Meersalz, Pfeffer, Majoran, Thymian und dem gehackten Knoblauch gut vermengen und mithilfe einer Form (oder Teigspachtel) Dreiecke formen.

Ein ungelochtes Garblech mit dem Olivenöl ausstreichen und die Dreiecke daraufsetzen. Diese bei 100°C im DG 12 Minuten dämpfen.

Für den Dip Sauerrahm mit Kräutern vermengen und mit Salz abschmecken.

500 g Getreidereis (z. B. Dinkel, Einkorn, Emmer)
300 g Zucchini
300 g grüner Spargel
100 g Karotten
150 g Paprika rot
150 g Paprika grün
150 g Paprika gelb
2 Eier
2 TL Reismehl
1 Lorbeerblatt
Meersalz, Pfeffer
je 1 EL Majoran, Thymian
2 Knoblauchzehen, gehackt
1 EL Olivenöl

Sauerrahmdip:
200 g Sauerrahm
Meersalz
2 EL frische Kräuter gehackt, z. B. Schnittlauch, Petersilie, Kerbel, Kresse

Bei Bedarf kalte Getreideecken auf Tellern anrichten, mit Frischhaltefolie zudecken und im vorgewärmten DG bei 90°C 6 Minuten regenerieren. Mit dem Dip servieren.

Bärlauchknödel (Spinatknödel) auf buntem Rieslinggemüse

Den DG auf 100° C vorheizen.

Bärlauchblätter fein schneiden (oder vorher mithilfe des Pürierstabs mit etwas Olivenöl fein zu einem Bärlauchpesto pürieren) und unter die Semmelwürfel mischen. Milch und Butter erwärmen (DG 100° C – 3 Minuten) und über die Semmelwürfel gießen. Eier dazugeben und untermischen. Die Semmelknödelmasse mit Salz und Pfeffer würzen.

Die Masse 10 Minuten ziehen lassen. Anschließend daraus 12 Knödel formen und auf einem gelochten Garblech 15 Minuten bei 100° C dämpfen.

Das Gemüse schälen bzw. putzen und in grobe Würfel schneiden. Dann auf dem gelochten Garblech im DG bei 100° C 9 Minuten dämpfen. Aus dem DG nehmen.

Danach das Gemüse in Butter kurz anschwitzen, mit dem Weißwein ablöschen, die Milch dazugeben und mit Salz und Pfeffer würzen. Die Speisestärke in 1 EL Wasser auflösen und das Gemüse damit leicht binden.

Die Knödel auf dem Gemüse anrichten.

400 g Semmelwürfel
100 g Bärlauch (oder Spinat)
300 ml Milch (bzw. nach Bedarf)
100 g Butter
4 Eier
2 Karotten
2 Gelbe Rüben
1 Zucchini
½ Lauch
2 EL Butter
$^{1}/_{16}$ l Weißwein (Riesling)
½ l Milch
2 EL Speisestärke
Meersalz, Pfeffer

Die Bärlauchknödel (Spinatknödel) sowie das Rieslinggemüse erkalten lassen und zugedeckt in den Kühlschrank stellen.

Bei Bedarf die Knödel in der Mitte teilen und mit Frischhaltefolie zugedeckt im vorgewärmten DG bei 95° C 10 Minuten regenerieren. Die Gemüsesauce auf dem Herd erwärmen.

Alles wie oben beschrieben anrichten.

Polentataler mit Paprikasahnesauce

Den DG auf 100° C vorheizen.

In einen ungelochten Garbehälter die Gemüsebrühe eingießen, salzen und das Öl zugeben. Den Maisgrieß einrühren und im DG bei 100° C 18 Minuten dämpfen.

Polentamasse mit Sauerrahm und geriebenem Parmesan vermischen. Auf ein geöltes Backblech streichen und nach dem Auskühlen mit einem runden Ausstecher Taler ausstechen. Die Polentataler auf ein ungelochtes Garblech geben und im DG bei 95° C 3 Minuten erwärmen.

Paprika und Zwiebel würfeln, die Knoblauchzehe fein hacken. Alles in einem Topf mit dem Olivenöl anschwitzen und mit dem Weißwein ablöschen. Das Gemüse mit der Gemüsebrühe aufgießen und ein paar Minuten köcheln lassen. Nun das Schlagobers hinzugeben und weiter köcheln lassen. Mit einem Standmixer (oder Stabmixer) fein pürieren. Noch einmal aufkochen lassen, mit Meersalz, Pfeffer, Chili würzen und die Sauce mit der in etwas kaltem Wasser angerührten Speisestärke binden.

Gemeinsam gefällig anrichten.

250 g Maisgrieß
500 ml Gemüsebrühe oder Wasser
1 TL Meersalz
1 EL Olivenöl
2 EL Sauerrahm
50 g Parmesan, frisch gerieben
1 EL Olivenöl für das Backblech

Paprikasahnesauce:
2 Paprika grün
1 Zwiebel
1 Knoblauchzehe
2 EL Olivenöl
2 EL trockener Weißwein
200 ml Gemüsebrühe
200 ml Schlagobers
Meersalz, Pfeffer
Chili
1 EL Speisestärke

Die mit Sauerrahm und geriebenem Parmesan vermischte Polenta und die Paprikasahnesauce abkühlen lassen und zugedeckt in den Kühlschrank stellen.
Bei Bedarf wie oben vorgehen und die Polentaschnitten im vorgewärmten DG bei 95° C 5 Minuten dämpfen bzw. regenerieren.
Die Sauce auf dem Herd erwärmen und darübergießen.

Gemüse-Dinkelreispfanne

Den DG auf 100°C vorheizen.

Dinkelreis waschen und abtropfen lassen. In eine ungelochte Garschale geben und mit 1 Liter ungesalzenem Wasser aufgießen. Dinkelreis in den DG geben und 15 Minuten bei 100° C dämpfen.

Gemüse waschen, Karotten und Gelbe Rüben schälen. Alles in feine Würfel schneiden. Von den Paprika den Deckel abnehmen und die Kerne sowie die Trennwände ausschneiden.

Paprika ebenfalls in kleine Würfel schneiden.

Den Dinkelreis aus dem DG nehmen, mit dem Gemüse vermengen und mit Salz, Pfeffer, Olivenöl, gehacktem Knoblauch, Lorbeerblättern, Majoran und Thymian würzen.

Alles nochmals im DG bei 100° C 5 Minuten dämpfen.

Aus dem DG nehmen und auf den vorbereiteten Tellern arrangieren.

500 g Dinkelreis
300 g Zucchini
100 g Karotten
100 g Gelbe Rüben
100 g grüner Spargel
150 g Paprika rot
150 g Paprika grün
150 g Paprika gelb
Meersalz, Pfeffer
1 EL Olivenöl
2 Knoblauchzehen, gehackt
2 Lorbeerblätter
Majoran, Thymian

 Den Gemüse-Dinkelreis rasch abkühlen lassen, zudecken und im Kühlschrank aufbewahren.

Bei Bedarf eine Portion entnehmen und mit Frischhaltefolie zugedeckt im DG bei 95°C 6 Minuten regenerieren.

Marinierter Tofu auf Wokgemüse

Für die Marinade alle Zutaten verrühren und den in Portionen geschnittenen Tofu am besten über Nacht darin ziehen lassen.

Den DG auf 100° C vorheizen.

Die Karotten und die Gelben Rüben schälen und, so wie die Zucchini, mithilfe des Sparschälers in Streifen schneiden.

Von den Paprika den Deckel abschneiden und die Trennwände sowie Samen herauslösen. Paprika in Streifen schneiden.

Den marinierten Tofu mit der Hälfte der Marinade in eine ungelochte Garschale geben und im DG bei 100° C 5 Minuten dämpfen.
Das Gemüse in einen gelochten Einsatz geben und 2 Minuten dämpfen.

Das Gemüse mit Meersalz, Pfeffer, Kreuzkümmel und Chili würzen, auf Teller verteilen und den Tofu dazulegen.

600 g Tofu
200 g Karotten
100 g Gelbe Rüben
100 g Zucchini
100 g Paprika rot
100 g Paprika grün
Meersalz, Pfeffer
Kreuzkümmel, Chili

Marinade:
4 EL Olivenöl
1 EL Essig
1 Knoblauchzehe, zerdrückt
1 TL Senf
frische Kräuter, gehackt: Zitronenthymian, Basilikum, Rosmarin, Majoran, Thymian

Den marinierten Tofu mit dem vorbereiteten geschnittenen Gemüse zugedeckt in den Kühlschrank stellen.
Bei Bedarf wie oben vorgehen und den Tofu im vorgewärmten DG bei 100° C 5 Minuten und das Gemüse 2 Minuten bei 100° C dämpfen.

LINGUINE MIT BÄRLAUCHPESTO

Linguine mit Bärlauchpesto

Den DG auf 100°C vorheizen.

Eine ungelochte Garschale mit 2 Liter Salzwasser befüllen und 10 Minuten bei 100°C erhitzen.

Pinienkerne in einer Pfanne ohne Fett kurz rösten.

Den Bärlauch grob hacken. Die Zutaten in einen Standmixer geben und unter langsamer Zugabe des Öls zu einer homogenen Masse mixen. (Für den späteren Gebrauch das Pesto in ein sauberes Glas füllen und zugedeckt im Kühlschrank aufbewahren.)

Die Nudeln zum Salzwasser in den ungelochten Garbehälter geben und umrühren. Laut Packungsangabe al dente dämpfen. Öfter umrühren. Danach die Nudeln aus dem DG nehmen, abseihen und mit dem Pesto vermengen.

Je nach Geschmack zusätzlich mit frischem Parmesan bestreut servieren.

500 g Linguine
Meersalz

200 g Bärlauch (saisonbedingt), ersatzweise Rucola oder Basilikum
30 g Pinienkerne
20 g Parmesan, frisch gerieben
250 ml Olivenöl
Meersalz, Pfeffer
(1 EL Olivenöl zum Regenerieren)

Die Nudeln aus dem DG nehmen und sofort kalt abspülen.
Mit einem 1 EL Olivenöl vermengen und zugedeckt im Kühlschrank aufbewahren.
Bei Bedarf eine Portion Nudeln entnehmen und mit Frischhaltefolie zugedeckt im DG bei 95°C 4 Minuten regenerieren. Danach mit dem Pesto vermengen.

RIESENGARNELEN MIT BUNTEM GEMÜSE-SAFRANREIS

Riesengarnelen mit buntem Gemüse-Safranreis

Den DG auf 100° C vorheizen.

Den Paellareis in einen ungelochten Garbehälter geben und mit dem Fischfond aufgießen. Die Safranfäden dazugeben.

Die Karotten schälen und klein würfeln, die Tomaten halbieren, aushöhlen und vierteln. Die Paprika putzen und in feine Streifen schneiden. Die Zwiebel abziehen und in feine Würfel schneiden.

In einer Pfanne das Olivenöl erhitzen und die Zwiebel anschwitzen, die Paprika dazugeben und kurz durchrösten.

Die Erbsen, wenn tiefgekühlt, in einem Sieb mit kaltem Wasser abspülen und abtropfen lassen.

Karotten, Tomaten, Zuckermais und Erbsen sowie das Zwiebel-Paprika-Gemisch unter den Reis mengen, die Lorbeerblätter dazugeben, salzen und pfeffern.

Den Reis im DG bei 95° C 15 Minuten dämpfen. Anschließend die (aufgetauten und gewaschenen) Riesengarnelen auf den Reis geben und nochmals 8 Minuten dämpfen.

Die Cashewkerne im Ganzen in einer Pfanne trocken rösten und mit der gehackten Petersilie über die fertige Paella streuen.

24 Bio-Riesengarnelen (TK)
300 g Paellareis (Mittelkorn)
750 ml Fischfond oder Gemüsebrühe
1 Briefchen Safran-Fäden
200 g Karotten
200 g Tomaten
150 g Paprika
1 Zwiebel
150 g Zuckermais (Dose oder TK)
150 g Erbsen (TK)
2 Lorbeerblätter
25 g Cashewkerne
2 EL Olivenöl
Meersalz, Pfeffer
frische Petersilie, gehackt

Den Gemüse-Safranreis abkühlen lassen und zugedeckt in den Kühlschrank stellen.
Bei Bedarf den Reis auf Teller portionieren, die Riesengarnelen auf den Reis legen und alles, zugedeckt mit Frischhaltefolie, im vorgewärmten DG bei 100° C 8 Minuten regenerieren bzw. dämpfen.

POCHIERTES KABELJAUFILET AUF GRÜNE-BOHNEN-MIX

Neue Lieblingsspeisen
FISCH

Pochiertes Kabeljaufilet auf Grüne-Bohnen-Mix

Den DG auf 100° C vorheizen.

Die grünen Bohnen putzen, halbieren und im DG bei 100° C 18 Minuten dämpfen.

Die Champignons vierteln, Cherrytomaten halbieren.
Die Zwiebel abziehen und fein hacken. In einer Pfanne mit heißem Olivenöl anschwitzen.

Die Champignons und Cherrytomaten dazugeben, kurz durchschwenken und die grünen Bohnen hinzufügen. Mit Meersalz, Pfeffer, Thymian und Petersilie sowie dem fein gehackten Knoblauch würzen.

Die Kabeljaufilets säubern und mit Meersalz und Zitronensaft würzen. Auf eine ungelochte Garschale geben und im DG bei 95° C 5 Minuten dämpfen.

Das Gemüse auf Tellern anrichten und den Fisch darauflegen.

Dazu passen Kartoffeln oder Polentaschmarren.

4 Kabeljaufilets
200 g grüne Bohnen
200 g Champignons
200 g Cherrytomaten
100 g Zwiebel
2 EL Olivenöl
Meersalz, Pfeffer
1/2 TL Thymian
1 EL Petersilie, gehackt
1 Knoblauchzehe, gehackt
1 Zitrone (Saft)

Das Gemüse abkühlen lassen und zugedeckt in den Kühlschrank stellen.
Bei Bedarf das Gemüse mit dem gewürzten rohen Fisch auf Teller portionieren und, zugedeckt mit Frischhaltefolie, im vorgewärmten DG bei 95° C 5 Minuten regenerieren.

SEETEUFELKOTELETT AUF ARTISCHOCKEN-TOMATENSAUCE, DAZU KRÄUTER-DINKELGRIESSLAIBCHEN

Seeteufelkotelett auf Artischocken-Tomatensauce, dazu Kräuter-Dinkelgrießlaibchen

Den DG auf 100° C vorheizen.

Die Artischocken abtropfen lassen. Die gewürfelten Tomaten in einem Topf erhitzen und die Hälfte der Artischocken dazugeben. Mit Meersalz, Pfeffer und dem fein gehackten Knoblauch würzen, das Schlagobers zugießen. Alles 3 Minuten kochen und mit einem Standmixer oder Pürierstab fein mixen.

Den Dinkelgrieß in einen geschlossenen Garbehälter geben, mit der Gemüsebrühe aufgießen, salzen und im DG bei 100° C 12 Minuten dämpfen.

Danach das Ei und die gehackten Kräuter dazugeben und gut vermischen.

Mit einem Eisportionierer auf eine ungelochte Garschale Kugeln platzieren und diese mit der Hand zu Laibchen flachdrücken.

Die Seeteufelkoteletts säubern, salzen und mit dem Zitronensaft beträufeln.
Auf ein ungelochtes Garblech geben, die restlichen Artischocken dazu und im DG mit den Kräuter-Dinkelgrießlaibchen bei 100° C 5 Minuten dämpfen.

Dekorativ anrichten.

4 Seeteufelkoteletts
250 ml Artischockenherzen im Glas
400 g Tomaten gewürfelt (Dose)
125 ml Schlagobers
1 Knoblauchzehe, gehackt
250 g Dinkelgrieß
500 ml Gemüsebrühe
1 Ei
frische Kräuter, gehackt:
1 EL Petersilie
1 TL Kresse
1 EL Schnittlauch
1 TL Kerbel
½ Zitrone (Saft)
Meersalz, Pfeffer

 Die Kräuter-Dinkelgrießlaibchen sowie die Artischocken-Tomatensauce abkühlen lassen und zugedeckt in den Kühlschrank stellen.

Bei Bedarf die Sauce mit den Laibchen und dem rohen Seeteufelkotelett auf Teller portionieren und, zugedeckt mit Frischhaltefolie, im vorgewärmten DG bei 100° C 5 Minuten regenerieren bzw. dämpfen.

Neue Lieblingsspeisen
FISCH

Fischspieß auf Gemüseallerlei

Den DG auf 100° C vorheizen.

Fischfilets säubern und in gleichmäßige Stücke schneiden.

Die Paprika putzen, die Trennwände sowie die Samenkerne entfernen, die Schoten in Vierecke schneiden. Nun den Fisch abwechselnd, mit den Paprikaecken beginnend, auf Holzspieße stecken, auf ein ungelochtes Garblech geben und mit Meersalz, Pfeffer, Thymian und Schabzigerklee würzen.

Die Karotten schälen und in Stifte schneiden, den Brokkoli und den Karfiol in Röschen teilen. Zuerst Karotten und Karfiol auf eine gelochte Garschale geben und bei 100° C 10 Minuten dämpfen. Dann den Brokkoli mit dem Zuckermais nach 4 Minuten zu dem Gemüse auf das Garblech in den DG geben und gemeinsam die restlichen 6 Minuten dämpfen.

In den letzten 4 Minuten der Garzeit die Fischspieße in den DG geben und alles gemeinsam fertig dämpfen.

Alles aus dem DG nehmen, das Gemüse noch mit Meersalz und Schabzigerklee würzen.
Anschließend auf Teller aufteilen und mit den Fischspießen anrichten.

600 g Fischfilets, z.. B. Lachs, Kabeljau, Seeteufel
200 g Karotten
200 g Brokkoli
100 g Karfiol
100 g Zuckermais (TK oder Dose)
1 Paprika gelb
Meersalz, Pfeffer
Thymian, Schabzigerklee

8 Holzspieße

*Das Gemüse abkühlen lassen, den Fisch wie oben angegeben vorbereiten und beides zugedeckt in den Kühlschrank stellen.
Bei Bedarf das Gemüse mit dem rohen Fischspieß auf Teller portionieren und mit Frischhaltefolie zugedeckt im vorgewärmten DG bei 100° C 4 Minuten dämpfen bzw. regenerieren.*

Pikantes Lammragout mit Gemüse und Kartoffeln

Den DG auf 100° C vorheizen.

Die Kartoffeln waschen, halbieren und auf eine mit 1 EL Olivenöl bestrichene Garschale legen. Kartoffeln im DG bei 100° C 50 Minuten dämpfen.

Den Lammschlögel von Haut und Sehnen befreien, in Würfel schneiden und mit Salz, Pfeffer, Thymian und der fein gehackten Knoblauchzehe würzen und auf eine mit 1 EL Olivenöl bestrichene, ungelochte Garschale geben.

Den Brokkoli in Röschen teilen, die Tomaten waschen, die Zucchini waschen und in Würfel schneiden. Vom Paprika den Deckel abschneiden, die Trennwände und den Samen ausschneiden, Schote grob würfeln. Alles Gemüse auf eine gelochte Garschale geben.

Das Fleisch 12 Minuten rosa dämpfen, das Gemüse für 10 Minuten dazu in den DG geben.

Das Fleisch herausnehmen, den Fleischsaft durch ein feines Sieb in einen Topf streichen, ein Mal aufkochen, den Schlagobers mit der Speisestärke verrühren und die Sauce damit binden.
Das Fleisch und das Gemüse in die Sauce geben und ein Mal aufkochen lassen.

Das Lammragout mit den Kartoffeln anrichten.

600 g Lammschlögel
1 Knoblauchzehe, gehackt
2 TL Thymian

600 g Kartoffeln
1 Brokkoli
100 g Cocktailtomaten
100 g Zucchini
100 g Paprika rot
100 ml Schlagobers
1 EL Speisestärke

2 EL Olivenöl
Meersalz, Pfeffer

Bei Bedarf das fertige Ragout und die Kartoffeln auf Tellern anrichten und, zugedeckt mit Frischhaltefolie, im vorgewärmten DG bei 95° C 12 Minuten regenerieren.

Mit Tomatenreis gefülltes Putenröllchen auf Blattspinat

Den Reis mit dem Wasser, dem Tomatenkonzentrat, den klein geschnittenen, getrockneten Tomaten, der Butter und dem Meersalz im DG bei 100° C 25 Minuten dämpfen.

Die Putenschnitzel zwischen Frischhaltefolie dünn klopfen. Den überkühlten Tomatenreis auf das untere Drittel der Schnitzel geben, seitlich einschlagen und zu einer Roulade formen. In Alufolie einwickeln, die Enden zudrehen und die Päckchen auf ein ungelochtes Garblech legen.

Den Blattspinat auf ein gelochtes Garblech geben und im DG bei 100° C 10 Minuten dämpfen. Bei frischem Spinat genügt eine Garzeit von 3 Minuten. Danach den Spinat aus dem DG nehmen, fest ausdrücken und in einen ungelochten Garbehälter geben. Schlagobers beifügen und mit Meersalz, Pfeffer und einer gehackten Knoblauchzehe abschmecken.

Die Putenröllchen im DG bei 100° C 10 Minuten dämpfen. Dann den Spinat in den DG dazugeben und 8 Minuten mitdämpfen.

Die Putenröllchen auswickeln, in stärkere Scheiben schneiden, den Blattspinat auf die Teller geben und die Röllchen daraufsetzen.

4 Putenschnitzel
600 g Blattspinat (TK)
150 ml Schlagobers
1 Knoblauchzehe, gehackt
150 g Langkornreis
300 ml Wasser
3 EL Tomatenkonzentrat
50 g getrocknete Tomaten
2 EL Butter
Meersalz, Pfeffer

Die gedämpften und in Scheiben geschnittenen Putenröllchen erkalten lassen und zugedeckt in den Kühlschrank geben. Den Spinat wie oben angegeben vorbereiten und ebenso erkalten lassen. Bei Bedarf den Blattspinat auf Teller geben, die Scheiben vom gefüllten Putenröllchen daraufsetzen und alles mit Frischhaltefolie zugedeckt im vorgewärmten DG bei 95° C 8 Minuten regenerieren.

LAMMKEULENSTEAK MIT GEMÜSE UND SCHWAMMERLREIS

Lammkeulensteak mit Gemüse und Schwammerlreis

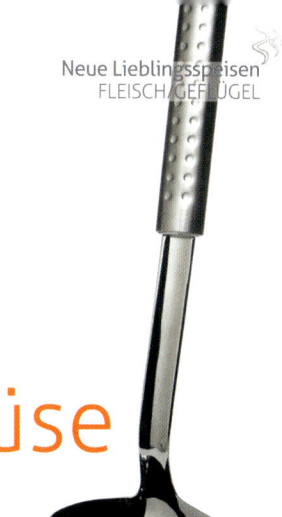

Den DG auf 100° C vorheizen.

Den Brokkoli in Röschen teilen, die Cocktailtomaten waschen, die Zucchini waschen und in Würfel schneiden, vom Paprika den Deckel abschneiden, die Trennwände und den Samen ausschneiden und die Schoten grob würfeln. Alles Gemüse auf eine gelochte Garschale geben.

Den Reis mit der auf der Packung angegebenen Menge Wasser, den Schwammerln, Butter und Meersalz in einen ungelochten Garbehälter geben.

Die Lammkeulensteaks mit Salz und Pfeffer würzen und mit den Lavendelblüten auf ein ungelochtes Garblech geben.

Der DG wird nun folgendermaßen bestückt: In die oberste Etage kommt der Reis und in die unterste das Fleisch. Die mittlere Etage für das Gemüse frei halten.

Den Reis und das Fleisch also einschieben und bei 100° C 18 Minuten dämpfen. Nun das Gemüse in die mittlere Schiene dazugeben und zusammen weitere 8 Minuten dämpfen.

Den entstandenen Fleisch-Gemüsesaft in einen Topf geben, ein Mal aufkochen, mit dem Schlagobers auffüllen und mit der in kaltem Wasser angerührten Speisestärke binden.

Das Gemüse salzen und mit dem Olivenöl vermischen. Alles gefällig auf Tellern anrichten.

4 Lammkeulensteaks
100 ml Schlagobers
1 TL Speisestärke
2 Lavendelblüten
Meersalz, Pfeffer

1 Brokkoli
100 g Cocktailtomaten
100 g Zucchini
100 g Paprika rot
1 EL Olivenöl
Meersalz

300 g Langkornreis
(600 ml Wasser)
100 g Eierschwammerl, blanchiert
2 EL Butter
Meersalz

Das fertig gegarte Gemüse sofort kalt abschrecken, mit dem Olivenöl mischen, salzen und erkalten lassen. Den Reis ebenso erkalten lassen. Den Saft im Topf abkühlen lassen und alles zugedeckt in den Kühlschrank stellen.

Bei Bedarf eine Portion auf einem Teller anrichten und, zugedeckt mit Frischhaltefolie, im vorgewärmten DG bei 95° C 8 Minuten regenerieren.

Die Sauce auf dem Herd erwärmen und zum Gericht geben.

GEDÄMPFTES RINDFLEISCH MIT KOHLRABIGEMÜSE UND KARTOFFELN

Gedämpftes Rindfleisch mit Kohlrabigemüse und Kartoffeln

Das Fleisch mit einem Hanf-Bindfaden zusammenbinden, damit es schön in Form bleibt.
Den DG auf 100° C vorheizen.

In ein ungelochtes Garblech das gewaschene, grob geschnittene Wurzelgemüse, Lorbeerblätter, Petersilienstiele und die Pfefferkörner geben und mit Wasser auffüllen, so dass das Gemüse bedeckt ist.

Das Garblech mit dem Gemüse auf die unterste Schiene geben. Auf das Garblech den Rost schieben und das Fleisch darauflegen. 15 Minuten bei 100° C dämpfen, danach auf 95° C zurückschalten und weitere 1,5 Stunden dämpfen.

Die Kartoffeln waschen und für 50 Minuten in die oberste Schiene zu dem Fleisch in den DG geben.

Für das Kohlrabigemüse die Kohlrabi schälen und in daumendicke Würfel schneiden. Die Kohlrabiwürfel in einen ungelochten Garbehälter geben, würzen (Salz, Pfeffer, Dill) und mit dem Schlagobers auffüllen. Für 12 Minuten in die mittlere Schiene zum Fleisch in den DG geben.

Die Kartoffeln schälen, vierteln und salzen. Das Fleisch in Scheiben schneiden.
Das Kohlrabigemüse auf Tellern anrichten, die Kartoffeln dazu und jeweils eine Scheibe Fleisch auf den Teller geben.

800 g Tafelspitz
1 Karotte
1/4 Sellerieknolle
1 Stange Lauch
2 Lorbeerblätter
3 Petersilienstiele
4 Pfefferkörner

800 g Kartoffeln
4 Kohlrabi
200 ml Schlagobers
Meersalz, Pfeffer
1 Zweig frischer Dill, gehackt

 Das Fleisch, die Kartoffeln und das Kohlrabigemüse erkalten lassen und zugedeckt in den Kühlschrank stellen.
Bei Bedarf das Kohlrabigemüse, die Kartoffeln und das Fleisch auf Teller portionieren und, zugedeckt mit Frischhaltefolie, im vorgewärmten DG bei 95° C 10 Minuten regenerieren.

SALTIMBOCCA VOM HUHN MIT LEICHTEM SALBEISAFT, DAZU CHAMPIGNONREIS

Saltimbocca vom Huhn mit leichtem Salbeisaft, dazu Champignonreis

Den DG auf 100° C vorheizen.

Die Hühnerfilets (ohne Haut) der Länge nach einschneiden und flach, mit der ursprünglichen Hautseite nach oben, auflegen. Dann mit jeweils 3 Salbeiblättern belegen, mit Meersalz und Pfeffer würzen, straff aufrollen und mit jeweils 2 Blatt Rohschinken umwickeln. Die Röllchen mit der Verschlussseite nach unten in einen ungelochten Garbehälter geben.

Den Reis und die blättrig geschnittenen Champignons mit Wasser, Butter und Meersalz in einen ungelochten Garbehälter geben.

Den Reis im DG bei 100° C 30 Minuten dämpfen.
Das Fleisch nach 15 Minuten zum Reis in den DG geben und die restlichen 15 Minuten mitdämpfen. Die Hühnerröllchen aus dem Saft nehmen und warm stellen.

Den Fleischsaft durch ein feines Sieb in einen Topf streichen, etwas reduzieren, mit dem Weißwein parfümieren, Schlagobers mit der Speisestärke verrühren, zugeben und den Saft damit binden.

Nochmals abschmecken und anrichten.

4 Hühnerfilets
12 Salbeiblätter
8 Blatt Rohschinken
4 cl Weißwein
250 ml Schlagobers
1 EL Speisestärke

200 g Langkornreis
200 g Champignons
400 ml Wasser
2 EL Butter
Meersalz, Pfeffer

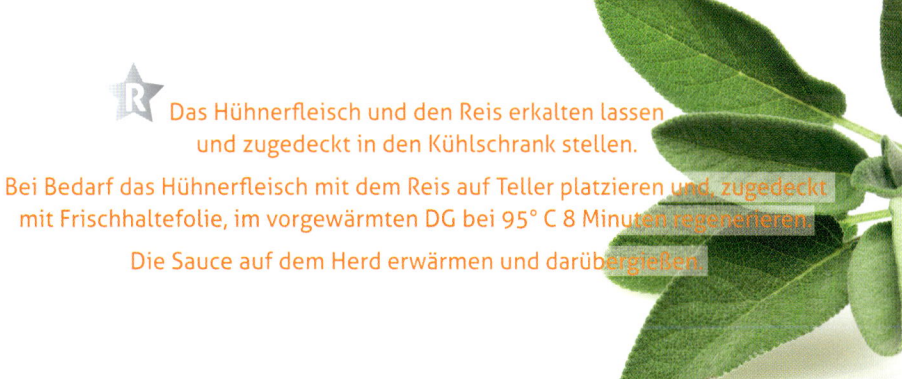

R Das Hühnerfleisch und den Reis erkalten lassen und zugedeckt in den Kühlschrank stellen.
Bei Bedarf das Hühnerfleisch mit dem Reis auf Teller platzieren und, zugedeckt mit Frischhaltefolie, im vorgewärmten DG bei 95° C 8 Minuten regenerieren.
Die Sauce auf dem Herd erwärmen und darübergießen.

PUTENMEDAILLONS IN DER SENFHANFKRUSTE MIT TOMATEN-ZUCCHINIGEMÜSE

Putenmedaillons in der Senfhanfkruste mit Tomaten-Zucchinigemüse

Den DG auf 100° C vorheizen.

Die Putenschnitzel dritteln, nur leicht plattieren und mit dem Senf einreiben.
Nun die Medaillons in den geschälten, gerösteten Hanf drücken und auf ein ungelochtes Garblech geben.

Die Tomaten auf der Oberseite kreuzweise einritzen und im Dampfgarer bei 100° C 2 Minuten dämpfen. Danach sofort kalt abschrecken und die Haut abziehen.
Die Tomaten halbieren und das Fruchtfleisch aushöhlen. Die Tomatenhälften vierteln.

Die Zucchini waschen und der Länge nach zwei Mal durchschneiden, dann quer in kleine Würfel schneiden. Die Zwiebel fein würfeln.

In einer Pfanne das Olivenöl erhitzen, die Zwiebelwürfel darin kurz anschwitzen, die Zucchini dazugeben und kurz mitbraten. Nun die Tomaten hinzufügen und mit dem Meersalz, Pfeffer, fein gehackten Knoblauch, Oregano und Thymian würzen und 3 Minuten köcheln lassen.

In der Zwischenzeit die Putenmedaillons im DG bei 100° C 4 Minuten dämpfen.

Das Tomaten-Zucchinigemüse auf die Teller geben und mit den gedämpften Medaillons belegen. Dazu passen Kartoffeln.

4 Putenschnitzel
100 g Hanfkörner (oder Sesam), geschält und geröstet
2 EL Senf, mittelscharf
400 g Tomaten
200 g Zucchini
1 Zwiebel
2 EL Olivenöl
2 Knoblauchzehen
Meersalz, Pfeffer
Oregano, Thymian

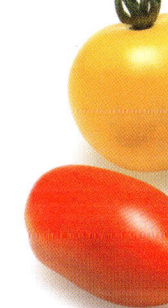

R Das Gemüse erkalten lassen und die Putenmedaillons wie oben erwähnt vorbereiten. Beides zugedeckt in den Kühlschrank stellen.

Bei Bedarf das Gemüse mit den rohen Putenmedaillons auf Teller portionieren und, zugedeckt mit Frischhaltefolie, im vorgewärmten DG bei 95° C 4 Minuten regenerieren bzw. dämpfen.

Neue Lieblingsspeisen
FLEISCH/GEFLÜGEL

Pasta mit Frühlingskräutersauce und Putenschinkenstreifen

Den DG auf 100° C vorheizen.

Die Pasta nach Anleitung in Salzwasser al dente kochen.

In einem Topf das Olivenöl erhitzen und die fein geschnittene Zwiebel darin anschwitzen. Nun mit dem Weißwein ablöschen, etwas reduzieren und mit der Gemüsebrühe und dem Schlagobers auffüllen. Die Sauce mit Meersalz, Pfeffer und gekörnter Gemüsebrühe würzen. Kurz aufkochen lassen und mit der in 1 EL Wasser angerührten Speisestärke binden.

Die Frühlingskräuter in die fertige Sauce geben. Die Sauce mit einem Standmixer oder Pürierstab fein mixen.

Den Putenschinken in Streifen schneiden und im DG bei 95° C 2 Minuten erwärmen.

Die Nudeln abseihen, mit der Frühlingskräutersauce überziehen und mit den Putenschinkenstreifen anrichten.

- 400 g Pasta, z. B. Fusilli oder Penne Rigate
- 200 g geräucherter Putenschinken
- 3 EL frische Frühlingskräuter, gehackt, z. B. Bärlauch, Brennnessel, Frauenmantel, Giersch, Gundelrebe, Huflattich, Löwenzahn, Sauerampfer, Schafgarbe, Scharbockskraut, Spitzwegerich, Vogelmiere
- 200 ml Schlagobers
- 200 ml Gemüsebrühe
- 2 EL Weißwein
- 1 Zwiebel
- 2 EL Olivenöl
- 1 TL gekörnte Gemüsebrühe
- 2 TL Speisestärke
- Meersalz, Pfeffer

Die erkaltete Pasta mit etwas Olivenöl mischen, salzen und zugedeckt in den Kühlschrank stellen.

Bei Bedarf eine Portion Nudeln auf Tellern anrichten und mit der Frühlingskräutersauce – kann ebenso kalt sein – überziehen. Die Putenschinkenstreifen darüberlegen und mit Frischhaltefolie zugedeckt im vorgewärmten DG bei 95° C 6 Minuten regenerieren.

Hühnergeschnetzeltes mit Gemüsecouscous

Die Hühnerbrüstchen in Streifen schneiden und mit Meersalz, Pfeffer, gehackter Chilischote würzen und auf ein ungelochtes Garblech geben.

Den Couscous in eine große Schüssel geben, die gut abgeschmeckte, heiße Gemüsebrühe unterrühren und zudecken. 10–15 Minuten quellen lassen.

Gemüse putzen. Zwiebel, Karotten und Zucchini würfeln. Von den Paprika Deckel abschneiden, die Trennwände und den Samen herauslösen und die Schoten würfeln. Alles Gemüse im DG 5 Minuten bei 100° C dämpfen.

Das gedämpfte Gemüse zum Couscous geben, Petersilie grob hacken und darüberstreuen. Anschließend mit einer Gabel auflockern, dabei die kalte Butter zugeben.

Die Hühnerstreifen im DG bei 100° C 4 Minuten dämpfen.

Anschließend mit dem Gemüsecouscous dekorativ anrichten.

600 g Hühnerbrüstchen
1 Chilischote
Meersalz, Pfeffer

1 Zwiebel
2 Karotten
1 großer Zucchini
1 Paprika rot
1 Paprika gelb
250 g Couscous
500 ml Gemüsebrühe
1 EL Petersilie, gehackt
1 EL Butter

R Den Gemüsecouscous erkalten lassen und zugedeckt in den Kühlschrank stellen.

Bei Bedarf eine Portion Gemüsecouscous auf Tellern anrichten und mit den rohen Hühnerstreifen im vorgewärmten DG bei 100° C 4 Minuten dämpfen bzw. regenerieren.

Gedämpfter Nusskuchen

Den DG auf 100° C vorheizen.

Die Form mit der Butter ausstreichen und mit den Semmelbröseln ausstreuen.

50 g Semmelbrösel mit dem Rum vermengen. Die Eier trennen und das Eiklar mit dem Zucker sehr steif schlagen.

Nun die Dotter langsam in den Eischnee einrühren und zum Schluss die Rum-Semmelbrösel sowie die geriebenen Nüsse untermischen. Die Masse in die Form füllen und mit Frischhaltefolie zugedeckt im DG bei 100° C 45 Minuten dämpfen.

6 Eier
100 g Zucker
100 g Haselnüsse, gerieben
50 g Semmelbrösel
1 TL Rum

Für die Form:
50 g Butter, flüssig
80 g Semmelbrösel

PROFI-TIPP: Den Kuchen mit Schokoglasur oder Zitronenglasur überziehen.

APFELNOCKERLN MIT BUTTERBRÖSELN

Apfelnockerln mit Butterbröseln

Den Topfen mithilfe eines Geschirrtuches gut ausdrücken (dazu Topfen in das Geschirrtuch geben und zusammendrehen). Den Topfen mit Zucker, Vanillezucker, einer Prise Meersalz, Ei und Dotter, Sauerrahm und Grieß gut vermengen und die Masse 1 Stunde im Kühlschrank ziehen lassen.

Den Apfel schälen, vom Kerngehäuse befreien und grob raspeln. Apfelraspel ausdrücken und unter die Topfenmasse mischen.

Den DG auf 100° C vorheizen. Für das Aroma die Zimtrinde in eine Garschale legen und in den untersten Einschub in den DG geben.

Nun mit einem in Wasser getauchten Esslöffel gleichmäßige Nockerln ausstechen und diese auf ein gelochtes Garblech legen.

Den DG auf 95° C zurückschalten und die Nockerln darin 12 Minuten dämpfen.

In der Zwischenzeit für die Butterbrösel die Butter in einer Pfanne schmelzen und darin Semmelbrösel, Staubzucker und Vanillezucker langsam bräunen.

Die fertigen Nockerln in dem Bröselgemisch wenden und mit Staubzucker bestreut servieren.

300 g Topfen
1 EL Staubzucker
1 TL Vanillezucker
Meersalz
1 Ei
1 Dotter
2 EL Sauerrahm
40 g Dinkelgrieß (Weizengrieß)
1 Apfel
1 Stk. Zimtrinde

100 g Butter
150 g Semmelbrösel
1 EL Staubzucker
1 TL Vanillezucker

R Die Apfelnockerln erkalten lassen und zugedeckt in den Kühlschrank stellen.
Bei Bedarf eine Portion Apfelnockerln auf Tellern anrichten und mit Frischhaltefolie zugedeckt im vorgewärmten DG bei 95° C 5 Minuten regenerieren.
Die Butterbrösel wie oben angegeben zubereiten und darüberstreuen.

GRIESSKNÖDEL AUF BEERENRAGOUT

Grießknödel auf Beerenragout

Den DG auf 100° C vorheizen.

Die Milch mit einer Prise Meersalz, abgeriebener Zitronenschale und dem Grieß im DG bei 100° C 20 Minuten dämpfen.

Das entrindete Toastbrot in kleine Würfel schneiden, die Eier trennen. Butter und Zucker schaumig rühren, die Dotter nach und nach untermischen und mit der Grießmasse verrühren. Nun das Eiklar zu Schnee schlagen und mit den Brotwürfeln unter die Masse heben. Mit einer Frischhaltefolie zudecken und 1 Stunde im Kühlschrank ziehen lassen.

Danach aus der Masse kleine Knödel formen und auf ein gelochtes Garblech legen.

Die Knödel bei 95° C 15 Minuten dämpfen.

In der Zwischenzeit für die Butterbrösel die Butter in einer Pfanne zum Schmelzen bringen und darin die Semmelbrösel mit dem Staubzucker und Vanillezucker langsam bräunen.

Die Beeren mit dem Staubzucker bestreuen, ½ Stunde anziehen lassen und dann anrichten.

Die Knödel auf das Beerenragout legen und mit Staubzucker bestreuen.

³/₈ l Milch
Meersalz
½ unbehandelte Zitrone (Schale)
200 g Weizengrieß
100 g Toastbrot
3 Eier
100 g Butter
2 EL Staubzucker

150 g Semmelbrösel
100 g Butter
1 EL Staubzucker
1 TL Vanillezucker
400 g gemischte Beeren (TK)
4 EL Staubzucker

 Die ungegarten, fertig geformten Grießknödel zugedeckt in den Kühlschrank stellen.
Bei Bedarf eine Portion Grießknödel auf Tellern anrichten
und im vorgewärmten DG bei 95° C 15 Minuten dämpfen.
Die Butterbrösel und das Beerenragout wie oben angegeben zubereiten und darübergeben.

Gedämpfter Apfelstrudel

Die gewaschenen Rosinen mit dem Rum vermischen und 10 Minuten ziehen lassen.

Die Äpfel schälen, das Kerngehäuse ausstechen, das Fruchtfleisch in Scheiben schneiden.
Die Apfelscheiben sofort mit Zitronensaft beträufeln, mit den Rumrosinen, Zucker, Vanillezucker, Nüssen, Zimt und Meersalz verrühren und ca. 30 Minuten ziehen lassen.

Semmelbrösel in der zerlassenen Butter leicht bräunen.

Den DG auf 100° C vorheizen.

Ein Strudelblatt auf ein Küchentuch legen und mit der flüssigen Butter bestreichen. Ein zweites Strudelblatt darauflegen und dieses wieder mit Butter bestreichen. Am unteren Drittel zuerst die Butterbrösel ausstreuen und dann die Apfelmasse auf die Butterbrösel verteilen. Strudelteig seitlich einschlagen und mithilfe des Küchentuchs einrollen. Die Masse reicht für 2 Strudel.

Die Strudel auf ein ungelochtes Garblech geben und bei 100° C 35 Minuten dämpfen

Den fertigen Strudel mit Staubzucker bestreuen und, je nach Vorliebe, mit Vanillesauce servieren.

4 Blatt Strudelteig
60 g Butter zum Bestreichen

750 g Äpfel (säuerlich)
1 Zitrone (Saft)
50 g Rosinen
3 EL Rum
60 g Kristallzucker
3 EL Vanillezucker
50 g Walnüsse, gerieben
1 EL Zimt, gemahlen
Meersalz
80 g Semmelbrösel
70 g Butter

 Den ausgekühlten Apfelstrudel zudecken.
Bei Bedarf eine Portion Apfelstrudel auf dem Teller anrichten und mit Frischhaltefolie zugedeckt im vorgewärmten DG bei 95° C 3 Minuten dämpfen.

Süßer Topfen-Polenta-Auflauf mit Marillensauce

Für die Marillensauce die getrockneten Marillen am Vortag in Wasser einweichen. (Bei frischen Marillen entfällt das Einweichen.)

Den DG auf 100° C vorheizen.

Die Marillen in einen ungelochten Behälter geben und bei 100° C 5 Minuten dämpfen.
Dann in einen Mixbehälter umleeren und mit dem Zucker und dem Marillenlikör mixen. Eventuell noch etwas Einweichwasser dazugeben.

Für den Auflauf die Eier trennen. Topfen, Vanillezucker, geriebene Zitronenschale, Sauerrahm, eine Prise Meersalz und Maisgrieß glattrühren und die Dotter nach und nach einarbeiten. Dariolförmchen oder Kaffeetassen mit Butter ausstreichen und mit Zucker ausstreuen.

Die Eiklar mit dem Rohrohrzucker zu steifem Schnee schlagen und unter die Topfen-Polentamasse heben. Die Masse in die Förmchen füllen und im DG bei 95° C 25 Minuten dämpfen. Gemeinsam mit der Marillensauce anrichten.

250 g Topfen
4 Eier
1 Pkg. Vanillezucker
½ Zitrone (Schale)
150 g Sauerrahm
Meersalz
80 g Maisgrieß
30 g Rohrohrzucker

Für die Förmchen:
2 EL Butter
2 EL Kristallzucker

180 g (getrocknete) Marillen
350 ml Wasser
3 EL Rohrohrzucker
Marillenlikör

Den ausgekühlten Polentaauflauf zugedeckt in den Kühlschrank stellen.
Bei Bedarf eine Portion Polentaauflauf auf dem Teller anrichten und mit Frischhaltefolie zugedeckt im vorgewärmten DG bei 95° C 5 Minuten regenerieren.
Mit Marillensauce servieren.

Milchreis

Den DG auf 100°C vorheizen.

Milch, Reis, Rosinen, Butter, Zucker und ein Prise Meersalz in einen ungelochten Garbehälter geben und bei 100°C 30 Minuten dämpfen.

Gefällig anrichten und je nach Geschmack mit Zimt, Kakao oder Schokoflocken bestreuen.

1,5 l Milch
120 g Mittelkornreis
50 g Rosinen
40 g Butter
4 EL Zucker
Meersalz

Milchreis erkalten lassen und zugedeckt im Kühlschrank aufbewahren.
Bei Bedarf eine Portion Milchreis auf einen Teller geben und mit Frischhaltefolie zugedeckt im DG bei 95°C 10 Minuten regenerieren.

PROFI-TIPP
Je nach Saison kann der Milchreis noch extra verfeinert werden, z. B. mit frischen Beeren oder mit Fruchtmus.
Einen exotischen Touch bekommt der Milchreis durch geröstete Kokosflocken.

Kinderleichtes Dampfgaren

Auch Kinder können Freude am Kochen mit dem Dampfgarer haben! Für den Nachwuchs ist der Umgang mit moderner Technologie nichts Ungewohntes. Schon von klein auf kommen sie im Alltag in Kontakt damit, unter anderem in der Küche. Ganz grundlegend sind ein paar wichtige Spielregeln zu beachten, die genauso für Erwachsene gelten.

Der Umstand, dass vor Verwendung des Dampfgarers der Wassertank gefüllt werden muss, wird bald zur Routine.

Es ist einfach, den Dampfgarer zum Garvorgang zu starten. Hier ist meist eine Taste als Bedienfunktion ausreichend. Geben Sie Kindern daher zunächst eine kleine Einführung in die Bedienung des Geräts.

Für das Regenerieren im Dampfgarer genügt es im Allgemeinen, durch Drücken einer dafür vorgesehenen Taste das Gerät zu aktivieren. Auch hier ist eben die „kleine Dampfgarerlehre" gefragt.

Zeigen Sie den Jüngsten, wie sich die Zeitfunktion einschalten lässt. Wir haben bei allen unseren Rezepten Zeitangaben zur Regeneration gemacht. Damit lässt sich deutlich erkennen, wie viel Zeit ein Gericht braucht. Ein Signalton im Gerät zeigt das Ende der Garzeit an.

Wichtig zu wissen ist für Kinder, dass – nach Beendigung des Garprozesses – beim **Öffnen der Türe** Dampf austritt. Das ist der Moment, wo sie besonders achtsam sein müssen! Das bedeutet, dass der Dampfgarer nie frontal, sondern immer auf der Seite stehend zu öffnen ist. Der Dampf entweicht und 8 Sekunden später kann das Gargut entnommen werden.

Vorsicht: Im Dampfgarer werden Teller heiß, wenn auch nicht so sehr wie in Backrohr oder Mikrowelle. Also immer einen entsprechenden Schutz (Handschuh) verwenden.

Ist das Kind den Umgang mit dem Dampfgarer gewohnt, wird es auf schnelle und einfache Weise vorbereitete Speisen selbst regenerieren können. Das Gute ist, die Vitalstoffe bleiben durch die **schonende** Zubereitung weitgehend erhalten und so schmecken die Lieblingsspeisen wie frisch gekocht!

Lassen Sie die Kinder (mit etwas Unterstützung) auch einmal Kleinigkeiten zubereiten, es macht ihnen sicher Spaß, die nachfolgenden kreativen und **kindergerechten Rezepte** selbst auszuprobieren.

Die Zutaten bei den nachfolgenden Kinderrezepten reichen für 1 Portion.

Fröhliches Frühstücksallerlei vom Bauernhof

1 Kartoffel, gekocht
3 EL Gemüse, gekocht
2 EL Schinkenwürfel
1 großes Ei
1 EL Schlagobers
Meersalz, Pfeffer
Schnittlauch, Petersilie

■

Den DG auf 100° C vorheizen.

Die Kartoffel in Scheiben, das Gemüse in Würfel schneiden.

Alles zusammen mit den Schinkenwürfeln in einen Suppenteller geben.
Mit Salz, wenig Pfeffer, Schnittlauch und Petersilie würzen.

Das Ei mit dem Schlagobers in einer Tasse verrühren und salzen.

Nun das Eiergemisch über den Inhalt im Suppenteller leeren.

Den Teller in den DG geben und bei 100° C 8 Minuten dämpfen.

Fertig ist das kraftgebende Frühstück wie am Bauernhof!

FRÖHLICHES FRÜHSTÜCKSALLERLEI VOM BAUERNHOF

KINDERLEICHTES
Dampfgaren

Das Frühstücksei aus der Moccatasse

Den DG auf 100° C vorheizen.

■

In eine Moccatasse 1 Ei gleiten lassen und im
DG bei 100° C 5 Minuten dämpfen.

DAS FRÜHSTÜCKSEI AUS DER MOCCATASSE

KINDERLEICHTES
Dampfgaren

Rote Schmetterlinge

150 g Farfalle („Schmetterling"-Nudeln)
400 g Tomatenwürfel (Dose)
1 kleiner Zucchini
1 Zwiebel
2 EL Olivenöl
1 Knoblauchzehe, gehackt
Meersalz, Pfeffer, Oregano
frischer Parmesan

■

Den DG auf 100° C vorheizen.

Die Farfalle in einen ungelochten Garbehälter geben, mit Wasser bedecken und im DG bei 100° C laut Zeitangabe auf der Packung kochen. Ein Mal umrühren.

Die Zwiebel fein schneiden und in einem Topf mit dem Öl anbraten. Nun die Tomatenwürfel dazugeben und 2 Minuten zugedeckt kochen. Mit Meersalz, Pfeffer, dem fein gehackten Knoblauch und Oregano würzen. Zum Schluss die Zucchini putzen, fein raspeln und in die Sauce geben.

Die Farfalle abseihen und mit der Sauce anrichten.
Mit frisch geriebenem Parmesan bestreuen.

ROTE SCHMETTERLINGE

KINDERLEICHTES Dampfgaren

Hühnerschlangen mit Eier-Reisgemüse

250 g Hühnerbrust
80 g Basmatireis
½ Paprika rot
½ Paprika grün
½ Zucchini
1 Ei
Meersalz, Pfeffer

2 Holzspieße

▪

Den DG auf 100° C vorheizen.

Das Hühnerfleisch abspülen und trocken tupfen. Danach in Streifen schneiden und wellenförmig auf Holzspieße stecken.

Den Reis laut Zeitangabe auf der Packung im DG in einer ungelochten Garschale bei 100° C dämpfen.

Von den Paprika den Deckel abnehmen und die Kerne sowie die Trennwände ausschneiden. Paprika in kleine Würfel schneiden, den Zucchini fein raspeln.

Das Gemüse mit dem Reis vermischen und das Ei unterziehen.

Das Fleisch salzen und pfeffern, auf eine ungelochte Garschale geben und gemeinsam mit dem Reis im DG bei 100° C weitere 8 Minuten dämpfen.

Sieht lustig aus am Teller.

HÜHNERSCHLANGEN MIT EIER-REISGEMÜSE

KINDERLEICHTES
Dampfgaren

Frankfurter im Schlafrock

1 Paar Frankfurter (Wiener Würstchen)
2 daumenbreite Streifen Blätterteig
1 Ei
1 TL Ketchup

Den DG auf 95° C vorheizen.

Die Würstchen in je zwei Teile teilen. Die Blätterteigstreifen mit Ketchup einreiben und mit der Ketchupseite (innen) schräg über die Würstchen wickeln.

Auf ein ungelochtes Garblech legen, mit verquirltem Ei bestreichen und im DG bei 95° C 18 Minuten dämpfen.

Dazu passt euer Lieblingsgemüse!

FRANKFURTER IM SCHLAFROCK

KINDERLEICHTES
Dampfgaren

Knabberwürstchen im Pizzateig

1 Paar Frankfurter (Wiener Würstchen)
100 g Pizzateig

∎

Den DG auf 95° C vorheizen.

Die Würstchen an jedem Ende einschneiden. Den ausgerollten Pizzateig in Streifen schneiden.

Die Würstchen mittig und auf das untere Ende vom Teig legen, gemeinsam aufrollen, so dass die eingeschnittenen Wurstenden hervorschauen.

Die Knabberwürstchen im DG bei 95° C 18 Minuten dämpfen.

Dazu passt, je nach Vorliebe, buntes Gemüse.

KNABBERWÜRSTCHEN IM PIZZATEIG

135

Fischstreifen am Erbsenreishügel

1 Zanderfilet
80 g Langkornreis
160 ml Wasser
3 EL Erbsen (TK)
2 EL Butter
Meersalz, Pfeffer, Zitronensaft

Den DG auf 100° C vorheizen.

Den Reis mit den Erbsen in einen ungelochten Garbehälter geben.
Mit 160 ml Wasser bedecken und 35 Minuten bei 100° C dämpfen.

Das Fischfilet in breite Streifen schneiden, mit Meersalz, Pfeffer und einem Spritzer Zitronensaft würzen und auf ein ungelochtes Garblech geben. Im DG bei 100° C die letzten 5 Minuten mit dem Erbsenreis mitdämpfen.

Zum Schluss die Butter und etwas Salz unter den Erbsenreis rühren.

Mit dem Erbsenreis einen „Hügel" bauen
und die Fischstreifen rundherum legen.

FISCHSTREIFEN AM ERBSENREISHÜGEL

Der Schnellkochtopf für die Familienküche

Premium oder vitavit® edition von Fissler

Warum Gedämpftes gesund ist, liegt auf der Hand. Was viele allerdings nicht wissen: Dampfgaren kann auch richtig schnell gehen. Denn der Schnellkochtopf eignet sich hervorragend um Gedämpftes zuzubereiten. In den neuesten Modellen des alten Bekannten – wie zum Beispiel dem vitavit® premium und dem vitavit® edition von Fissler.

Kinder mögen es bunt und schmackhaft, Eltern außerdem gesund und schnell. Erfüllen lassen sich all diese Wünsche mit dem Schnellkochtopf: Mit frischen Zutaten sind in der neuen Schnellkochtopfgeneration vitavit® von Fissler vom ersten Babybrei bis zur saftigen Roulade im Handumdrehen herrliche Gerichte zubereitet – und selbst gekocht schmeckt es schließlich am besten!

Nährstoffschonende Nahrung für Ihren Nachwuchs aus dem Schnellkochtopf

Mit der Einführung der Beikost stellt sich für Eltern die Frage, wie sie ihren Nachwuchs optimal ernähren – das heißt in erster Linie gesund und ausgewogen, aber auch schmackhaft. Das Forschungsinstitut für Kinderernährung gibt Orientierung: Es empfiehlt als erste Mahlzeit den Gemüse-Kartoffel-Fleisch-brei, der sich ganz einfach selbst zubereiten lässt und auch noch die Haushaltskasse schont. Besonders schnell und nährstoffschonend gelingt er im Schnellkochtopf, vor allem wenn man die frischen Zutaten schonend dampfgart.

Mit Abschluss des ersten Lebensjahres essen die Kleinen am Familientisch mit. Jetzt wird das Essen zum sinnlichen Erlebnis, Konsistenz und Farben der Nahrung spielen eine große Rolle. Auch hier unterstützt der Schnellkochtopf, denn er spart nicht nur Zeit und Energie, auch Farben und Geschmack bleiben besonders gut erhalten, ebenso wie Vitamine und Mineralstoffe. Das Essen behält viele gesunde Nährstoffe und schmeckt natürlich auch so.

Sterilisieren mit dem Schnellkochtopf

Babyfläschchen und andere Dinge für den Hausgebrauch (nicht für medizinische Zwecke) können im Schnellkochtopf sterilisiert werden. Dafür mindestens 200–300 ml Flüssigkeit in den Topf geben, die Fläschchen mit der Öffnung nach unten in den gelochten Einsatz stellen. Topf schließen, auf Stufe 2 ankochen und 20 Minuten sterilisieren.

Baby-Brei aus dem Schnellkochtopf

Gemüse-Kartoffel-Fleischbrei
Ab dem 5.–7. Lebensmonat
Zutaten:
200 g Kartoffeln, 400 g Karotten, 100 g Hühnerfilet, 120 ml naturtrüber Apfelsaft, 3 EL Baby-Beikostöl mit Hanföl
Zubereitung:

1. Kartoffeln und Karotten waschen, schälen und in ca. 1 cm große Würfel schneiden.
2. Das Hühnerfilet waschen, trocken tupfen und in ca. 1/2 cm große Würfel schneiden. Das Wasser in den Schnellkochtopf vitavit® premium von Fissler (2,5 l) füllen. Dreibein und gelochten Siebeinsatz in den Topf stellen. Alle vorbereiteten Zutaten hineingeben. Den Schnellkochtopf nach Anleitung verschließen und die Kochanzeige mit Ampelfunktion auf Stufe 1 stellen. Den Topf mit voller Hitzeleistung ankochen und, sobald der gelbe Ring erscheint, die Herdtemperatur herunterschalten. Wenn der grüne Ring erscheint, beginnt die Garzeit von 8 Minuten.
3. Den Schnellkochtopf nach Anleitung abdampfen und öffnen. Den Inhalt in einen Rührbecher geben. Den Apfelsaft und das Öl zugießen und mit dem Pürierstab mixen. Den Brei abkühlen lassen und in sterile Gläser füllen.

Profi-Tipp

Das Hühnerfleisch kann auch durch die gleiche Menge mageres Schweine-, Rind- oder Lammfleisch ersetzt werden und die Karotten durch andere nährstoffreiche, gut verträgliche Gemüse wie z. B. Zucchini oder Brokkoli.

Babykost selbstgemacht

Junge Mütter sind gerade bei der Ernährung von Babys auf Erfahrungen anderer angewiesen. Aber – welche Erfahrungen sind die richtigen? Es gibt einerseits die Berichte vonseiten der Industrie, andererseits die praktischen Tipps von Müttern oder Hebammen. Guter Rat ist da oft teuer …

Unbestritten ist, dass zunächst das Stillen die natürlichste und damit wertvollste Ernährungsform darstellt.
Darf dann dem Nachwuchs Beikost gefüttert werden, geht aber wohl nichts über selbst zubereitetes Essen. Nicht nur, weil es das Baby stärkt, sondern weil Sie als Eltern genau wissen, was die Breie enthalten.

In diesem Kapitel finden Sie unentbehrliche Hinweise dafür, wie Sie in Eigenregie mit viel Liebe und wertvollen Bio-Lebensmitteln schonend Babybreie zubereiten können. Dampfgaren bietet die derzeit sicher beste Möglichkeit, um Ihrem Baby gute und vitale Nahrung zu gewährleisten, denn der Großteil der natürlichen Vitamine und Nährstoffe bleibt erhalten.

Effizienz lautet in dem Zusammenhang das Zauberwort. Im Dampfgarer ist es ein Leichtes, ein paar Portionen mehr, also auf Vorrat zuzubereiten, bzw. die Breie anschließend in Twist-off-Gläsern haltbar zu machen. Diese Methode, um Speisen für Ihren Liebling zu konservieren, ist einfach und hygienisch.

Während die Babykost im Dampfgarer gart, werden auch die Gläser mitsamt Deckel im Dampfgarer sterilisiert, also keimfrei gemacht. Die Garzeit der Babyspeisen überschreitet meist ohnehin die für die Sterilisierung erforderlichen 15 Minuten bei 100° C. Es ist also kein zusätzlicher Mehraufwand nötig! Das Babymahl wird anschließend kochend heiß in die sterilisierten Gläser abgefüllt, fest verschlossen und zur Vakuumbildung auf den Kopf gestellt. Dabei ist unbedeutend, wie lange die Abkühlphase dauert, weil weder Bakterien noch Keime in das Glas kommen können.

Kühle und lichtgeschützte Lagerung vorausgesetzt, beträgt die Haltbarkeit der Babynahrung bei dieser Methode mindestens 3 Monate.

Eine weitere Möglichkeit, um Babybreie haltbar zu machen, ist das Tiefkühlen. Es ist zwar für viele

die einfachste Methode, doch braucht man für diese Art des Haltbarmachens einen Arbeitsschritt mehr. Ist das Essen einmal gekocht und gemixt, muss es vor dem Einfrieren noch abkühlen, denn heiß darf nichts tiefgekühlt werden. Aber: Bakterien fühlen sich in einem Milieu zwischen 65° und 35° C pudelwohl. Dieser Temperaturbereich wird am langsamsten durchschritten. Sollten Sie also keine Möglichkeit haben, den Brei rasch abzukühlen, kann es unter Umständen zu einer Bakterienkontamination kommen. Außerdem werden die Portionen meist in Kunststoffbehältern, die noch dazu mit Weichmachern produziert sind, abgefüllt. Die beste Methode beim Tiefkühlen ist das Schockfrosten, da aber fehlt es im normalen Haushalt an den technischen Möglichkeiten.
Tiefgekühlte Speisen sollten auch nie direkt aus dem Tiefkühler erhitzt werden, sondern vorher langsam auftauen.
Absolut ungeeignet ist es, Babynahrung in der Mikrowelle aufzutauen. Hier wird die mühevoll zubereitete Babykost denaturiert und der Erhalt der Vitamine, Spurenelemente und Mineralstoffe ist nicht mehr gegeben.

Beachten Sie, dass die Zutaten für Babybreie ausschließlich aus Bio-Produkten bestehen sollten. Frisches, biologisch gezogenes Gemüse und Obst sowie Fleisch sind ein Garant für echte „Lebens-Mittel", die gentechnikfrei gewachsen sind, wenig bis keine Pestizide aufweisen und keine Wachstumsförderer oder synthetischen Vitamine enthalten.
Wenn möglich, sollten die Bio-Produkte der Saison entsprechend und aus der unmittelbaren Umgebung stammend eingekauft werden – denn für Ihr Baby ist wohl „das Beste gerade gut genug". Ist etwa kein Bio-Fisch verfügbar, so sollte der Fisch zumindest aus Wildfang kommen. Im Zweifelsfall geben Sie jedenfalls Süßwasserfischen den Vorrang.

Noch ein Tipp: Zur Ergänzung der Babybreie verwenden Sie spezielles Beikostöl mit Hanföl. Dieses enthält reichlich Omega-3-Fettsäuren und die besonders wichtige Gamma-Linolensäure, die auch in Muttermilch enthalten ist. Achten Sie beim Einkauf auf Kaltpressung. Das Öl ist im Handel erhältlich, es kann ab dem 5. Lebensmonat der Nahrung beigemengt werden. Damit bekommt ihr Kind nicht nur die erforderliche Energiezufuhr, sondern vor allem die wertvollsten Fettsäuren, die es für dieses Alter gibt.
Erhitzen Sie das kostbare Öl aber nicht, sondern geben Sie es erst kurz vor dem Füttern in die fertige Speise. Damit bleiben Wirkung und Aufnahme der Fettsäuren gewährleistet.

Alle nachfolgenden Rezepte lassen sich auf Basis der Angaben äußerst variantenreich kombinieren und reichen für eine Mahlzeit.

GETREIDE-OBSTBREI

Getreide-Obstbrei

Ab dem 6.–8. Lebensmonat

20 g Vollkorn-Getreideflocken (z. B. Haferflocken)
90 g Wasser
100 g Obstpüree oder -saft (Vitamin-C-reich)
5 g Baby-Beikostöl mit Hanföl

Den DG auf 100° C vorheizen.

Das Wasser mit den Getreideflocken in eine ungelochte Garschale geben und bei 100° C 1 bis 2 Minuten dämpfen. Das Obstpüree und das Baby-Beikostöl zugeben und vermengen.

(Natürlich könnte auch der Obstbrei gedämpft werden, was aber nicht notwendig ist. Je weniger ein Lebensmittel verarbeitet wird, desto besser die Qualität.)

Gemüse-Kartoffel-Fleischbrei

Ab dem 5. Lebensmonat

50 g Kartoffeln
100 g Gemüse, z. B. Karotten, Zucchini, Kohlrabi, Fenchel, Kürbis, Pastinaken, Brokkoli
20 g mageres Fleisch
2–3 EL Obstsaft
5 g Baby-Beikostöl mit Hanföl

Den DG auf 100° C vorheizen.

Das Fleisch von Haut und Sehnen befreien und in kleine Stücke schneiden. Das Gemüse und die Kartoffeln schälen und in grobe Stücke schneiden.

Das Fleisch auf ein ungelochtes und das Gemüse mit den Kartoffeln auf ein gelochtes Garblech geben.

Wichtig: Das Gemüse kommt in den mittleren Einschub und das Fleisch darunter. So tropft der Gemüsedampf auf das Fleisch und es bleiben auch wirklich alle Vitamine und Nährstoffe erhalten.

Alles im DG bei 100° C 12 Minuten dämpfen. Danach gemeinsam mit Obstsaft und Baby-Beikostöl sowie mit dem entstandenen Fleischfond fein mixen.

PROFI-TIPP: Als mageres Fleisch verwenden Sie am besten Bio-Rindfleisch, Bio-Geflügel oder Bio-Kaninchenfleisch. Kaninchen ist sehr mager und enthält auch zwei bis drei Mal mehr Eisen als anderes Fleisch, außerdem ist es cholesterinarm und es hat einen niedrigen Puringehalt.

GEMÜSE-NUDEL-FISCHBREI

Gemüse-Nudel-Fischbrei

Ab dem 5. Lebensmonat

90 g Karotten und Zucchini
16 g Nudeln
24 g Wasser (für die Nudeln)
20 g Wildlachsfilet
30 g Orangensaft
8 g Baby-Beikostöl mit Hanföl
ca. 36 g Wasser bei Bedarf

Den DG auf 100° C vorheizen.

Den Fisch in kleine Würfel schneiden und auf ein ungelochtes Garblech geben. Die Karotten schälen und in feine Würfel schneiden. Die Zucchini in grobe Würfel schneiden. Das Gemüse auf ein gelochtes Garblech geben. Die Nudeln in einem ungelochten Garbehalter mit dem Wasser bedecken und für 16 Minuten bei 100° C in den DG geben.

Nach 8 Minuten den Fisch und das Gemüse in den DG dazugeben.

Die richtige Anordnung im Dampfgarer:
• Oberster Einschub, auf dem Rost – die Nudeln
• Mittlerer Einschub – das Gemüse und
• Unterster Einschub – der Fisch.
So tropft der Gemüsedampf auf den Fisch, alle Vitamine und Nährstoffe bleiben erhalten.

Alles zusammen bei 100° C noch 8 Minuten dämpfen. Die Nudeln zwischenzeitlich ein Mal umrühren.

Danach alles mit der Flüssigkeit aus der Fischgarschale, dem Orangensaft und dem Baby-Beikostöl fein mixen. Bei Bedarf noch etwas Wasser zugeben.

Gemüsebrei mit Ei

Ab dem 5. Lebensmonat

80 ml heißes, abgekochtes Wasser
50 g Karotten
40 g Kartoffeln
20 g Sellerie
1 Ei

Das Gemüse putzen und in kleine Würfel schneiden.
Das Gemüse in ein ungelochtes Garblech geben und mit dem rohen Ei vermischen.
Im DG bei 100° C 8 Minuten dämpfen. Alles mit dem heißen Wasser in einem Mixer pürieren.

Zur Erklärung

Verwendete Abkürzungen:

Bd. = Bund
cl = Centiliter
EL = Esslöffel
g = Gramm
kg = Kilogramm
l = Liter
ml = Milliliter
Msp. = Messerspitze
Pkg. = Packung
Stk. = Stück
TK = Tiefkühlware
TL = Teelöffel

Verwendete Küchenbegriffe Österreichisch – Deutsch:

Eierschwammerl = Pfifferlinge
Hüferl = Hüfte
Karfiol = Blumenkohl
Kohlrabi = Kohlrübe
Nockerln = Klößchen
Palatschinken = Pfannkuchen
Sauerrahm = saure Sahne
Schlagobers = Schlagsahne
Schlögel = Keule
Semmelbrösel = Paniermehl
Staubzucker = Puderzucker
Topfen = Quark

Nicht zuletzt

Wir als Autoren sind stolz auf unser zweites Werk, welches nicht ohne unsere vielen Unterstützer zustande gekommen wäre. Deshalb möchten wir Dank aussprechen all jenen, die uns bei diesem Projekt hilfreich waren.

Danke ...

... an unsere Ehepartner, Mario Kuttnig und Annelies Pinteritsch, für die Geduld, die geschenkte Zeit und ihr Verständnis. Wir werden es mit „Gaumenfreuden" wieder gutmachen!

... an Nicole Richter. Sie lektorierte und verlieh unserem Buch durch ihre Professionalität den letzten Schliff.

... an das Fotografenteam Jost & Bayer für den persönlichen Zugang zu unseren Kreationen, der an den überaus appetitanregenden Fotos ablesbar ist. Danke auch für Eure Freundschaft!

... an Fissler Österreich für das Zurverfügungstellen der im Buch abgebildeten Besteckserie „Pescara" und für die Beteiligung am Buch.

... an Miele für das Zurverfügungstellen des Dampfgargerätes und die sympathische und unproblematische Abwicklung.

... an Arzberg für das Zuverfügungstellen der im Buch abgebildeten Geschirrserie „Profi". Wir hatten dadurch viel Freude beim Arbeiten.

... an die Merkur Versicherung für die Beteiligung am Buch. Sie versichert „das Wunder Mensch" und steht für Gesundheit, wie unsere Rezepte und dieses Buch.

... an Kika Klagenfurt, im Besonderen an Alfredo Sekoll. Ein Partner mit Handschlagqualität. Wir freuen uns schon, auch dieses Buch in seinem Haus vorstellen zu dürfen.

REZEPTVERZEICHNIS

Vegetarisch

Bärlauchknödel (Spinatknödel) auf buntem Rieslinggemüse	78
Brokkoli-Käseecken mit Sahnesauce und Kartoffeln	41
Dinkel-Maistortilla	18
Frühstücksei aus der Moccatasse	126
Gemüse-Dinkelreispfanne	82
Gemüse-Einkornschnitzel mit Bergkäse und Spinat	27
Gemüse-Hirsetörtchen mit Wildkräutersauce	75
Gemüsemedaillons auf Melanzani, dazu Kräuterdip	13
Gemüserisotto	55
Getreide-Gemüseecken	77
Kartoffel-Gemüsegröstl	64
Kartoffel-Gemüsestrudel mit Kräutersauce	50
Linguine mit Bärlauchpesto	87
Linseneintopf mit Spinatknödel	46
Mangold mit Parmesanstücken	73
Ofenkartoffel mit mexikanischem Gemüse	60
Pastaquiche	36
Polentataler mit Paprikasahnesauce	81
Schmetterlinge	128
Tofu, mariniert auf Wokgemüse	85
Vollkornfusilli mit Gemüsesugo	32

Fisch

Fischspieß auf Gemüseallerlei	95
Fischstreifen am Erbsenreishügel	136
Kabeljaufilet, pochiert auf Grüne-Bohnen-Mix	91
Mediterrane Fischpfanne mit Kräuterreis	48
Riesengarnelen mit buntem Gemüse-Safranreis	89
Schollenröllchen, gefüllt mit Garnelencreme auf Gemüsecouscous	20
Seeteufelkotelett auf Artischocken-Tomatensauce, dazu Kräuter-Dinkelgrießtaler	93
Wildlachsfilet, gedämpft mit Sahnesauce und Nudeln	62
Zanderfilet mit Gemüse-Kartoffeln und Schnittlauchdip	34

Beilagen

Blattspinat	97	Kartoffeln	24
Champignonreis	103	Kohlrabigemüse	101
Eier-Reisgemüse	130	Kräuter-Dinkelgrießtaler	93
Erbsengemüse	52	Kräuterreis	48
Erbsenreis	136	Nudeln (Pasta)	14, 62
Gemüse (gemischt)	38, 56	Rieslinggemüse	78
Gemüsecouscous	20	Rosmarinkartoffeln	30
Gemüse-Kartoffeln	34	Schwammerlreis	99
Gemüse-Safranreis	89	Spinatknödel	78
Grüne-Bohnen-Mix	91	Tomaten-Zucchinigemüse	105
Hanfpolenta	28	Vollkornpasta	22, 32
		Wokgemüse	85

REZEPTVERZEICHNIS

Fleisch/Geflügel

Dinkel-Maistortilla gefüllt mit Chili con Carne	18
Frankfurter im Schlafrock	132
Frühstücksallerlei vom Bauernhof	124
Hühnerfilet auf buntem Gemüse und Basilikum-Wildreis	56
Hühnergeschnetzeltes mit Gemüsecouscous	109
Hühnerschlangen mit Eier-Reisgemüse	130
Knabberwürstchen im Pizzateig	134
Lammkeulensteak mit Gemüse und Schwammerlreis	99
Lammragout mit Gemüse und Kartoffeln	96
Pasta mit Frühlingskräutersauce und Putenschinkenstreifen	107
Putenmedaillons in der Senfhanfkruste mit Tomaten-Zucchinigemüse	105
Putenroulade gefüllt, mit Bärlauchsauce und Hanfpolenta	28
Putenröllchen mit Tomatenreis gefüllt, auf Blattspinat	97
Putenschnitzel gefüllt mit Tomaten-Schafskäsetatar, dazu Gemüse und Quinoa	38
Reisfleisch von der Pute	42
Rindfleisch mit Kohlrabigemüse und Kartoffeln	101
Rindfleischburger, dazu Erbsengemüse und Petersilienkartoffeln	52
Rindsragout mit Gemüse und Nudeln	14
Rindsroulade gefüllt, mit Gemüse	66
Saltimbocca vom Huhn mit leichtem Salbeisaft, dazu Champignonreis	103
Schweinsfilet mit Tsatsiki und Kartoffeln	24
Wok mit Putenstreifen und Vollkornpasta	22
Würstel-Gemüsespieß mit Rosmarinkartoffeln	30

Süßes

Apfelnockerln mit Butterbröseln	113
Apfelstrudel	117
Grießknödel auf Beerenragout	115
Hirse-Apfelauflauf mit Beerensauce	44
Milchrahmauflauf mit Vanillesauce	16
Milchreis	121
Nusskuchen	111
Topfen-Polenta-Auflauf mit Marillensauce	119
Topfenknödel mit Erdbeersauce	58

Baby

Gemüsebrei mit Ei	145
Gemüse-Kartoffel-Fleischbrei	143
Gemüse-Nudel-Fischbrei	145
Getreide-Obstbrei	143

Saucen und Dips

Artischocken-Tomatensauce	93
Bärlauchsauce	28
Beerenragout	115
Beerensauce	44
Erdbeersauce	58
Frühlingskräutersauce	107
Kräuterdip	13
Kräutersauce	50
Marillensauce	119
Paprikasahnesauce	81
Sahnesauce	41
Salbeisaft	103
Schnittlauchdip	34
Tsatsiki	24
Vanillesauce	16
Wildkräutersauce	75

Wer meint, dass vegetarische Küche langweilig schmeckt, irrt! Als Meisterin der fantasievollen fleischlosen Kochkunst gibt Silvia Maritsch-Rager ihre Geheimnisse preis und zeigt viele Möglichkeiten im Umgang mit regionalen Lebensmitteln, gepaart mit experimentierfreudiger Würzkunst. Das Markenzeichen der Kreativköchin ist eine schnelle, unkomplizierte, fröhlich improvisierte Kost mit Rezepten, die immer gelingen und wunderbar schmecken.

Silvia Maritsch-Rager
NEUES AUS DER GEMÜSEKÜCHE
100 vegetarische Rezepte
208 Seiten, 17 x 24 cm
Hardcover mit SU, durchgehend Farbe
€ 24,95 · ISBN: 978-3-85431-556-8

Kochen mit dem Dampfgargerät ist für viele ein fixer Bestandteil der modernen Alltagsküche geworden. Im ersten Teil des Buchs zeigen die Autoren, wie man so genannte Basics richtig zubereitet – Reis, Kartoffeln oder Knödel. Im zweiten Teil, der sowohl für Anfänger als auch für Fortgeschrittene geeignet ist, machen ausgeklügelte Rezepte Lust darauf, Suppen, Soufflés, Hauptgerichte und auch Desserts auszuprobieren.

Susanne Kuttnig-Urbanz · Friedrich Pinteritsch
DAS 1 X 1 DES DAMPFGARENS
Schonende Zubereitung · Leichter Genuss
160 Seiten, 22 x 22 cm
Hardcover mit SU, durchgehend Farbe
€ 19,95 · ISBN: 978-3-85431-527-8

Haubenkoch Tom Riederer schafft geschmackliche Harmonien abseits des Mainstreams, sein Grundsatz: Der richtige Umgang mit Lebensmitteln bedeutet eine effiziente Verarbeitung und Zubereitung von Speisen ohne Verschwendung dieser Rohstoffe. In diesem außergewöhnlichen Kochbuch widmet er sich all jenen Resten und Überbleibseln, die wir meist gedankenlos im Abfalleimer verschwinden lassen.

Thomas Riederer
NUR DER IDIOT WIRFT'S WEG
Wie Sie aus allem etwas Schmackhaftes machen können
208 Seiten, 17 x 24 cm
Hardcover mit SU, durchgehend Farbe
€ 24,95 · ISBN: 978-3-85431-543-8

Hühnerfleisch ist eines der beliebtesten Grundprodukte in der Küche überhaupt und wird weltweit gerne genossen. Als leichtes, fettarmes und gesundes Nahrungsmittel ist es für die moderne Küche bestens geeignet – neben dem seit Jahrzehnten immer beliebter werdenden Putenfleisch. Aber auch Ente und Gans als Hausgeflügel finden sich in diesem Standardwerk wieder. In mehr als 250 Rezepten aus aller Herren Länder und köstlichen Eigenkreationen des Autors führt es auf eine kulinarische Weltreise.

Gerd Wolfgang Sievers
HUHN & CO
Die besten Rezepte von Huhn & Pute, Ente & Gans
Fotografiert von Peter Barci
304 Seiten, 17 x 24 cm
Hardcover mit SU, durchgehend Farbe
€ 29,99 · ISBN: 978-3-85431-561-2

pichler verlag

Der Mensch kann Gänsehaut bekommen, ohne dass ihm kalt ist.

IST DER MENSCH NICHT EIN WUNDER?

WIR VERSICHERN DAS WUNDER MENSCH.

MERKUR
DIE GESUNDHEITS-VERSICHERUNG